Contemporánea

Clarice Lispector (Tchetchelnik, Ucrania, 1920-Río de Janeiro, 1977) sorprendió a la intelectualidad brasileña con la publicación en 1944 de su primer libro, *Cerca del corazón salvaje*, en el que desarrollaba el tema del despertar de una adolescente, y por el que recibió el premio de la Fundación Graça Aranha 1945. La que entonces se consideró una joven promesa de tan solo diecinueve años se convirtió en una de las más singulares representantes de las letras brasileñas, a cuya renovación contribuyó con títulos tan significativos como *La hora de la estrella*, *Aprendizaje* o *El libro de los placeres* o su obra póstuma, *Un soplo de vida*.

Clarice Lispector

Otros escritos

Edición de
Teresa Montero y Lícia Manzo

Traducción de
Elena Losada

DEBOLS!LLO

Papel certificado por el Forest Stewardship Council®

Penguin
Random House
Grupo Editorial

Título original: *Outros escritos*

Primera edición: febrero de 2026

© 2005, Paulo Gurgel Valente
© 2009, Ediciones Siruela, S. A.
© 2026, Penguin Random House Grupo Editorial, S. A. U.
Travessera de Gràcia, 47-49. 08021 Barcelona
© 2005, Teresa Montero y Lícia Manzo, por la edición
© Elena Losada, por la traducción, cedida por Ediciones Siruela, S. A.
Diseño de la cubierta: Penguin Random House Grupo Editorial / Laura Jubert
Imagen de la cubierta: cedida por Paulo Gurgel Valente
Fotografía de la autora: cedida por Paulo Gurgel Valente

Printed in Spain – Impreso en España

ISBN: 978-84-663-8825-2
Depósito legal: B-21.492-2025

Compuesto en M. I. Maquetación, S. L.

Impreso en Black Print CPI Ibérica
Sant Andreu de la Barca (Barcelona)

P 388252

Índice

Otros escritos

Clarice escritora principiante

Clarice periodista

Clarice estudiante

Clarice dramaturga

Clarice madre

Presentación

Otros escritos ofrece al público diversos textos de Clarice Lispector. Pero esta vez no están firmados por la escritora consagrada sino por la escritora principiante, por la periodista, por la estudiante de Derecho, por la columnista femenina, por la dramaturga, por la madre, por la conferenciante y ensayista Clarice Lispector.

Presenta, además, una importante entrevista, la más larga y completa que Clarice concedió, en la que recorre cada uno de esos momentos: desde sus primeros escritos hasta la conferencia donde analizaba su propia producción literaria; de los reportajes y artículos femeninos, producidos como forma de sustento, a sus anotaciones de madre, realizadas para su placer personal.

Clarice Lispector siempre reconoció el fragmento, la anotación dispersa, el «fondo de cajón» como parte esencial e indisociable de su producción literaria. A partir de sus notas, en un primer momento inconexas, ella solía extraer posteriormente una unidad, transformándolas en una obra lista y acabada. *Otros escritos* obedece al mismo criterio y, al agrupar cada una de esas «Clarices» dispersas y fragmentadas, es imposible no observar una unidad que conecta a unas con otras. Cada escrito de Clarice parece marcado por la misma mirada sensible, singular y feroz de la mujer y creadora que, tantas veces sola, caminó al frente de su tiempo.

Queremos expresar nuestro agradecimiento a todas las personas que han colaborado en la realización de este libro con sus valiosas sugerencias e informaciones: Affonso Romano de Sant'Anna, Eliane Vasconcelos, Fauzi Arap, Maria Amelia Mello y Marina Colasanti.

Otros escritos

¿Por qué librarse de lo que se amontona, como en todas las casas, en el fondo de los cajones? Mirad a Manuel Bandeira: para que ella me encuentre con «la casa limpia, la mesa puesta, con cada cosa en su lugar». (…) Además, lo que obviamente no sirve siempre me ha interesado mucho. Me gusta de una manera cariñosa lo inacabado, lo mal hecho, aquello que torpemente intenta un pequeño vuelo y cae sin gracia al suelo.

CLARICE LISPECTOR,
La Legión Extranjera

Clarice escritora principiante

Clarice Lispector se estrenó oficialmente en la literatura a los veintitrés años, con la publicación de *Cerca del corazón salvaje,* en 1943. Pero en realidad su producción literaria había comenzado antes, con dieciséis cuentos publicados en periódicos y revistas e incluso con algunos escritos nunca editados.

«Desde los siete años yo ya fabulaba», rememora Clarice en una de sus declaraciones. Ella recuerda el momento en que, aún niña, le fue revelado que un libro no era «como un árbol, como un animal, algo que nace». Maravillada, ella descubre que había un autor detrás de todo, y decide: yo también quiero.

Pasa a escribir entonces algunos cuentos, que envía regularmente al *Diário de Pernambuco,* un periódico que publicaba, los jueves, historias escritas por niños. Pero sus cuentos nunca fueron seleccionados: «Los otros decían así: érase una vez y esto y aquello... y los míos eran sensaciones».

A los nueve años, inspirada por una representación teatral a la que acababa de asistir, escribe, en tres hojas de cuaderno, una obra en tres actos titulada *Pobre niña rica.* Esta vez, sin embargo, no piensa en publicar su trabajo, lo esconde detrás de la estantería y lo rompe enseguida, según ella: «porque tenía vergüenza de escribir».

Solo en 1940, cuando ingresa en el periodismo, Clarice se decide a partir nuevamente en busca de alguien que estuviese dispuesto a publicar sus trabajos. Mientras trabaja en la Agência Nacional, empieza a publicar algunos de sus cuentos en diversas publicaciones periódicas, especialmente en la revista *Vamos Lêr!*

En la misma época envía un volumen de cuentos para un concurso de la Editora José Olympio. Pero Clarice descubrió posteriormente que el libro no había llegado a la editorial y, así, los cuentos quedaron fuera de concurso y permanecieron inéditos hasta 1978, cuando fueron publicados póstumamente en la antología *La bella y la bestia* (exceptuando el cuento «Jovencita», publicado en un periódico en septiembre de 1941 e incluido por Clarice en *La Legión Extranjera*, en 1964, bajo el título de «Viaje a Petrópolis»).

En realidad, Clarice había pensado en publicar estos escritos en los años setenta, pero suprimió de los originales algunos de ellos («Mingu», «Diario de una mujer insomne», «La crisis», «Muy feliz») y, de este modo, estos cuentos se perdieron para siempre. El escritor Affonso Romano de Sant'Anna recuerda que fueron arrancados cuando Clarice le mandó una copia mecanografiada para pedir su parecer sobre una posible publicación.

En la presente edición se encuentran reunidos cuatro cuentos inéditos de Clarice Lispector: «El triunfo», su primer texto, publicado el 25 de mayo de 1940 en el periódico *Pan*; «Jimmy y yo» (10 de octubre de 1940) y «Fragmento» (9 de enero de 1941), ambos en *Vamos Lêr!*, y «Cartas a Hermengardo» (30 de agosto de 1941), publicado en la revista *Dom Casmurro*.

En los cuatro cuentos, el tono intimista, confesional y subjetivo que marcaría su obra ya está presente; es posible observar también en cada uno de ellos la construcción de personajes femeninos que desean libertad y autonomía en un mundo aún predominantemente creado por y para los hombres.

El triunfo[*]

El reloj da las nueve. Un golpe alto, sonoro, seguido de una campanada suave, un eco. Después, el silencio. La clara mancha de sol se extiende poco a poco por el césped del jardín. Trepa por el muro rojo de la casa, haciendo brillar la hiedra con mil luces de rocío. Encuentra una abertura, la ventana. Penetra. Y se apodera de repente del aposento, burlando la vigilancia de la cortina leve.

Luísa sigue inmóvil, tendida sobre las sábanas revueltas, el pelo esparcido sobre la almohada. Un brazo aquí, otro allí, crucificada por la languidez. El calor del sol y su claridad llenan el cuarto. Luísa parpadea. Frunce las cejas. Hace un gesto con la boca. Abre los ojos, finalmente, y los fija en el techo. Lentamente el día le va entrando en el cuerpo. Escucha un ruido de hojas secas pisadas. Pasos lejanos, menudos y apresurados. Un niño corre por el camino, piensa. De nuevo, el silencio. Se divierte un momento escuchándolo. Es absoluto, como de muerte. Naturalmente, porque la casa está apartada, bien aislada. Pero... ¿y aquellos ruidos familiares de cada mañana? ¿El sonido de pasos, risas, tintinear de vajilla que anuncia el nacimiento del día en su casa? Lentamente le viene a la cabeza la idea de que sabe la razón del silencio. Pero la aparta con obstinación. De repente sus ojos crecen. Luísa se encuentra sentada en la cama, con un estremecimiento en todo el cuerpo. Mira con los ojos, con la ca-

* *Pan*, Río de Janeiro, n.º 227, 25 de mayo de 1940, pp. 11-13.

beza, con todos los nervios, la otra cama de la habitación. Está vacía.

Levanta la almohada verticalmente, se apoya en ella, la cabeza inclinada, los ojos cerrados.

Así pues, es verdad. Rememora la tarde anterior y la noche, la atormentada noche que vino después y se prolongó hasta la madrugada. Él se fue, ayer por la tarde. Se llevó las maletas, las maletas que solo hacía dos semanas que habían llegado festivas, con pegatinas de París, Milán. Se llevó también al criado que había venido con ellos. El silencio de la casa quedaba explicado. Estaba sola desde su partida. Se habían peleado. Ella, callada, frente a él. Él, el intelectual fino y superior, vociferando, acusándola, señalándola con el dedo. Y aquella sensación ya experimentada otras veces cuando se peleaban: si se va me muero, me muero. Oía aún sus palabras.

—¡Tú, tú me atas, me aniquilas! ¡Guárdate tu amor, dáselo a quien quieras, a quien no tenga nada que hacer! ¿Me entiendes? ¡Sí! ¡Desde que te conozco no produzco nada! Me siento encadenado. ¡Encadenado a tus cuidados, a tus caricias, a tu celo excesivo, a ti! ¡Te detesto!, ¡piénsalo bien, te detesto! Yo...

Esas explosiones eran frecuentes. Siempre estaba la amenaza de su partida. Luísa, ante esa palabra, se transformaba. Ella, tan llena de dignidad, tan irónica y segura de sí, le había suplicado que se quedase, con una palidez y locura tales en el rostro que las otras veces él lo había aceptado. Y la felicidad la invadía, tan intensa y clara que la recompensaba de lo que nunca imaginaba que fuese una humillación, pero que él le hacía entrever con argumentos irónicos que ella ni escuchaba. Esta vez se había enfadado, como las otras, casi sin motivo. Luísa lo había interrumpido, decía él, en el momento en que una nueva idea brotaba, luminosa, en su cerebro. Le había cortado la inspiración en el instante exacto en que nacía con una frase tonta sobre el tiempo, rematándola con un insoportable «¿verdad, cariño?». Dijo que necesitaba condiciones para producir, para continuar su novela, segada desde el principio por una imposibilidad absoluta de concentrarse. Se fue a donde pudiese encontrar «el ambiente».

Y la casa se había quedado en silencio. Ella de pie en la habitación, como si le hubiesen extraído del cuerpo toda el alma. Esperando verlo aparecer de nuevo, su cuerpo viril encuadrado en el marco de la puerta. Le oiría decir, los anchos hombros amados estremeciéndose de risa, que todo era una broma, un experimento para una página de su libro.

Pero el silencio se había prolongado infinitamente, solo rasgado por el ruido monótono de la cigarra. La noche sin luna había invadido lentamente la habitación. El aire fresco de junio la hacía estremecerse.

«Se ha ido», pensó. «Se ha ido». Nunca le había parecido tan llena de sentido esa expresión, aunque la hubiese leído antes muchas veces en las novelas de amor. «Se ha ido» no era tan simple. Arrastraba un vacío inmenso en la cabeza y en el pecho. Si la golpeasen allí, imaginaba, sonaría metálico. ¿Cómo viviría ahora?, se preguntaba de repente, con una calma exagerada, como si se tratase de algo neutro. Repetía, repetía siempre: ¿y ahora? Recorrió con la mirada el cuarto en tinieblas. Tocó el interruptor, buscó la ropa, el libro de cabecera, sus vestigios. No había quedado nada. Se asustó. «Se ha ido».

Se revolvió en la cama horas y horas sin que llegara el sueño. De madrugada, debilitada por la vigilia y por el dolor, con los ojos ardientes, la cabeza pesada, cayó en una semiinconsciencia. Pero su cabeza no dejó de trabajar, imágenes, las más locas, le llegaban a la mente, apenas esbozadas y ya fugitivas.

Dieron las once, largas y descansadas. Un pájaro soltó un grito agudo. Todo se ha paralizado desde ayer, piensa Luísa. Sigue sentada en la cama, estúpidamente, sin saber qué hacer. Fija los ojos en una marina de colores frescos. Nunca había visto un agua que diera una tal impresión de fluidez y movilidad. Nunca había reparado en el cuadro. De repente, como un dardo, una herida dura y profunda: «Se ha ido». ¡No, es mentira! Se levanta. Seguro que se ha enfadado y se ha ido a dormir a la habitación de al lado. Corre, empuja la puerta. Vacía.

Va hacia la mesa donde él trabajaba, revuelve febrilmente los periódicos abandonados. Quizá haya dejado alguna nota, diciendo, por ejemplo: «A pesar de todo te amo. Vuelvo mañana». No, ¡hoy mismo! Solo encuentra una hoja de papel de su bloc de notas. Le da la vuelta. «Estoy sentado desde hace seguramente dos horas y todavía no he conseguido concentrarme. Pero tampoco me concentro en nada que esté a mi alrededor. La atención tiene alas, pero no se posa en ningún sitio. No consigo escribir. No consigo escribir. Con estas palabras hurgo en una herida. Mi mediocridad es tan...». Luísa para de leer. Es lo que ella siempre había sentido, aunque vagamente: mediocridad. Se queda absorta. Entonces ¿él lo sabía? Qué impresión de debilidad, de pusilanimidad, en aquel simple papel... Jorge..., murmura débilmente. Desearía no haber leído aquella confesión. Se apoya en la pared. Llora silenciosamente. Llora hasta el cansancio.

Va al lavabo y se moja la cara. Sensación de frescura, desahogo. Está despertando. Se anima. Se trenza el pelo, lo prende en un moño. Se frota la cara con jabón, hasta sentir la piel estirada, brillante. Se mira al espejo y parece una colegiala. Busca la barra de labios, pero recuerda a tiempo que ya no le hace falta.

El comedor está a oscuras, húmedo y sofocante. Abre las ventanas de golpe. Y la claridad penetra con ímpetu. El aire nuevo entra rápido, lo toca todo, mueve la cortina clara. Parece que hasta el reloj suena más vigorosamente. Luísa se queda ligeramente sorprendida. Hay tanto encanto en esa habitación alegre, en esas cosas súbitamente claras y reavivadas. Se asoma a la ventana. A la sombra de esos árboles en alameda que terminan a lo lejos en la carretera roja de barro... En realidad nunca había reparado en nada de eso. Siempre había vivido allí con él. Él lo era todo. Solo él existía. Él se había ido. Y las cosas no estaban del todo desprovistas de encanto. Tenían vida propia. Luísa se pasó la mano por la frente, quería alejar los pensamientos. Con él había aprendido la tortura [*sic*]* las ideas, profundizando en sus menores partículas.

---

* Estas indicaciones aparecen en el texto original. Indican una posible errata o lectura ambigua.

Preparó un café y se lo tomó. Y como no tenía nada que hacer y temía pensar, cogió unas mudas de ropa puestas para lavar y fue al fondo del patio, donde había un gran lavadero. Se arremangó, se subió los pantalones del pijama y empezó a fregarlas con jabón. Inclinada así, moviendo los brazos con vehemencia, mordiéndose el labio inferior por el esfuerzo, la sangre latiendo con fuerza en el cuerpo, se sorprendió a sí misma. Paró, dejó de fruncir el ceño y se quedó mirando al frente. Ella, tan espiritualizada por la compañía de aquel hombre... Le pareció oír su risa irónica, citando a Schopenhauer, Platón, que pensaron y pensaron... Una dulce brisa le alborotó los cabellos de la nuca, le secó la espuma de los dedos.

Luísa terminó su tarea. Toda ella exhalaba el olor áspero y simple del jabón. El trabajo le había dado calor. Miró el grifo grande, del que manaba agua limpia. Sentía un calor... De repente tuvo una idea. Se quitó la ropa, abrió del todo el grifo y el agua helada le corrió por el cuerpo, arrancándole un grito de frío. Aquel baño improvisado la hacía reír de placer. Desde su bañera tenía una vista maravillosa, bajo un sol ya ardiente. Se quedó un momento seria, inmóvil. La novela inacabada, la confesión encontrada. Se quedó absorta, una arruga en la frente y en la comisura de los labios. La confesión. Pero el agua corría helada sobre su cuerpo y reclamaba ruidosamente su atención. Un calor bueno circulaba ya por sus venas. De repente tuvo una sonrisa, un pensamiento. Él volvería. Él volvería. Miró a su alrededor la mañana perfecta, respirando profundamente y sintiendo, casi con orgullo, su corazón latiendo cadencioso y lleno de vida. Un tibio rayo de sol la envolvió. Se rio. Él volvería, porque ella era la más fuerte.

Jimmy y yo[*]

Todavía me acuerdo de Jimmy, aquel chico de pelo castaño y despeinado, que cubría un cráneo alargado de rebelde nato.

Me acuerdo de Jimmy, de su pelo y de sus ideas. Jimmy creía que no había nada mejor que la naturaleza, que si dos personas se aman no tienen que hacer nada más que amarse, simplemente. Que, en los hombres, todo lo que se aparta de esa simplicidad de comienzo del mundo es jactancia, es espuma. Si esas ideas saliesen de otra cabeza yo no soportaría ni siquiera oírlas. Pero estaba la disculpa del cráneo de Jimmy y estaba sobre todo la disculpa de sus dientes claros y de su sonrisa limpia de animal contento.

Jimmy andaba con la cabeza erguida, la nariz clavada en el aire, y, al cruzar la calle, me cogía del brazo con una intimidad muy simple. Yo me azoraba. Pero la prueba de que yo estaba entonces imbuida de las ideas de Jimmy y, sobre todo, de su sonrisa clara es que yo me reprochaba ese azoramiento. Pensaba, descontenta, que había evolucionado demasiado, que me había apartado del patrón tipo animal. Me decía que era fútil ruborizarme por un brazo; ni siquiera por el brazo de la ropa. Pero esos pensamientos eran difusos y se presentaban con la incoherencia que transmito ahora al papel. En realidad yo solo buscaba una disculpa para que me gustara Jimmy. Y para seguir sus ideas. Poco a poco me estaba adaptando a su

* *Folha de Minas*, Belo Horizonte, 24 de diciembre de 1944. Cuento antiguo reproducido en el periódico sin autorización de la autora.

cabeza alargada. ¿Qué podía hacer después de todo? Desde pequeña había visto y sentido el predominio de las ideas de los hombres sobre las de las mujeres. Mamá, antes de casarse, según tía Emilia, era una bomba, una pelirroja tempestuosa, con ideas propias sobre la libertad y la igualdad de las mujeres. Pero llegó papá, muy serio y alto, con ideas propias también sobre... la libertad y la igualdad de las mujeres. El mal fue la coincidencia en el tema. Hubo un choque. Y hoy mamá cose y borda y canta al piano y hace pasteles los sábados, todo puntualmente y con alegría. Tiene ideas propias todavía, pero se resumen en una: la mujer debe seguir siempre a su marido, como la parte accesoria sigue a la esencial (la comparación es mía, resultado de las clases de la Facultad de Derecho).

Por eso y por Jimmy, también yo, poco a poco, me volví natural.

Y así un bello día, después de una cálida noche de verano, en la que dormí tanto como en este momento en que escribo (son los antecedentes del crimen), en ese bello día Jimmy me dio un beso. Yo había previsto esa situación, con todas sus variantes. Me decepcionó, es cierto. ¡Mira que «eso» después de tanta filosofía y quejas tristonas! Pero me gustó. Y en adelante dormí descansada; ya no necesitaba soñar.

Me encontraba con Jimmy en la esquina. Muy naturalmente le daba el brazo. Y más tarde muy naturalmente le acariciaba el pelo despeinado. Yo sentía que Jimmy estaba maravillado con mis progresos. Sus lecciones habían producido un efecto poco frecuente y su alumna era aplicada. Fue un tiempo feliz.

Después hicimos los exámenes. Aquí empieza la historia propiamente dicha.

Uno de los examinadores tenía unos ojos suaves y profundos. Las manos muy bonitas, morenas.

(Jimmy era blanco como un bebé). Cuando me hablaba, su voz se volvía misteriosamente áspera y cálida. Y yo hacía un esfuerzo enorme para no cerrar los ojos y para no morirme de alegría.

No hubo lucha íntima. Dormí [*sic*] me encontraba con el examinador por la tarde, a las seis. Y me encantaba su voz, que me hablaba de ideas absolutamente no jimmiescas. Todo eso envuelto en el crepúsculo, en el jardín silencioso y frío. Yo entonces era absolutamente feliz. En cuanto a Jimmy, seguía despeinado y con la misma sonrisa, de modo que se me olvidó aclarar con él la nueva situación.

Un día me preguntó por qué estaba tan distinta. Le respondí risueña, empleando los términos de Hegel, oídos de boca de mi examinador. Le dije que el primitivo equilibrio se había roto y que se había formado uno nuevo, con otra base. Es inútil decir que Jimmy no entendió nada, porque Hegel estaba al final del programa y nunca habíamos llegado allí. Entonces le expliqué que estaba enamoradísima de D..., y, en una maravillosa inspiración (lamenté que el examinador no me pudiese oír), le dije que, en ese caso, yo no podría unir los elementos contradictorios, haciendo la síntesis hegeliana. Inútil la digresión.

Jimmy me miraba estúpidamente y solo supo preguntar:

—¿Y yo?

Me irritó.

No lo sé, respondí, chutando una piedrecita imaginaria y pensando: ¡Bueno, arréglatelas! Somos simples animales.

Jimmy estaba nervioso. Dijo una serie de barbaridades, que no era más que una mujer, inconstante y veleta como todas. Y me amenazó: te arrepentirás de este cambio súbito. En vano intenté responderle con sus teorías: me gustaba alguien y era natural, solo si fuese «evolucionada» y «pensadora» empezaría a hacerlo todo complicado, lleno de conflictos morales, bobadas de la civilización, cosas que los animales desconocen por completo. Hablé con una elocuencia adorable, todo debido a la influencia dialéctica del examinador (ahí está la idea de mamá: la mujer debe seguir..., etcétera). Jimmy, pálido y deshecho, me mandó al diablo, a mí y a mis teorías. Le grité nerviosa que esas tonterías no eran mías y que, en realidad, solo podían haber nacido de una cabeza despeinada y larga. Él me gritó, todavía más fuerte, que yo no había entendido nada de lo que me había explicado con tanta bondad: que conmigo todo era perder el tiempo. Era demasiado. Exigí una nueva explicación. Me mandó otra vez al infierno.

Salí confusa. En conmemoración tuve un fuerte dolor de cabeza. De unos restos de civilización me surgió el remordimiento.

Mi abuela, una viejecita amable y lúcida, a quien conté el caso, inclinó su cabeza blanca y me explicó que los hombres suelen construir teorías para ellos y otras para las mujeres. Pero, añadió después de una pausa y de un suspiro, las olvidan exactamente en el momento de actuar... Repliqué a la abuela que yo, que aplicaba con éxito la ley de las contradicciones de Hegel, no había entendido nada de lo que me había dicho. Ella se rio y me explicó con buen humor:

—Querida, los hombres son unos animales.

¿Volvíamos así al punto de partida? No me pareció que eso fuera un argumento, pero me consolé un poco. Me dormí medio triste. Pero desperté feliz, puramente animal. Cuando abrí las ventanas del cuarto y miré el jardín fresco y calmado bajo los primeros rayos del sol, tuve la seguridad de que realmente no hay nada que hacer más que vivir. Solo me intrigaba el cambio de Jimmy. ¡La teoría era tan buena!

Cartas a Hermengardo[*]

Mi querido Hermengardo:

En verdad te lo digo: felizmente existes. A mí me bastaría solo con la existencia de una criatura sobre la tierra para satisfacer mi deseo de gloria, que no es más que un profundo deseo de cercanía. Porque me engañé cuando hace tiempo imaginé que era real mi antiguo deseo de «salvar a la humanidad» *malgré* ella. Ahora solo deseo a alguien, además de a mí misma, para que pueda probarme... Y en ese regreso a Idalina comprendí que tan bello y tan imposible como aquel otro sueño es el de intentar salvarse a sí mismo. Y si es tan imposible, ¿por qué encaminarme entonces hacia esa nueva ciudadela que sería ahora una pobre mujer perturbada? No lo sé. Tal vez porque es necesario salvar algo. Tal vez por la conciencia tardía de que somos la única presencia que no nos dejará hasta la muerte. Y por eso nos amamos y nos buscamos a nosotros mismos. Y porque, mientras existamos, existirá el mundo y existirá la humanidad. Es así como, después de todo, nos unimos a ellos.

Y todo eso que estoy diciendo es solo un preámbulo para justificar mi placer de darte tantos consejos. Porque dar consejos es otra vez hablar de uno mismo. Y aquí estoy yo... Pero, después de todo, puedo hablar con la conciencia en paz. No conozco nada que dé tantos derechos a un hombre como el hecho de vivir.

* *Dom Casmurro*, 30 de agosto de 1941.

Este preámbulo también sirve como disculpa. Es que siento, incluso a través de las palabras más dulces, que el milagro de que respires me inspira, es mi destino de tirar piedras. Nunca te enfades conmigo por eso. Algunos han nacido para tirar piedras. Y, después de todo, ¿por qué está mal lanzar piedras, si no es porque alcanzarán cosas tuyas o de los que saben reír y adorar y comer?

Una vez aclarado este punto y ahora que ya se me permite tirar piedras, te hablaré de la *Quinta Sinfonía* de Beethoven.

Siéntate. Estira las piernas. Cierra los ojos y los oídos. No te diré nada durante cinco minutos para que puedas pensar en la *Quinta Sinfonía* de Beethoven. Intenta, esto sería mejor aún si lo consigues, no pensar en palabras, sino crear un estado de sentimiento. Intenta parar todo el torbellino y dejar un hueco para la *Quinta Sinfonía*. Es tan bella.

Solo así la tendrás, a través del silencio. ¿Comprendes? Si la ejecuto para ti se desvanecerá, nota tras nota. Apenas tocada la primera dejará de existir. Y después de la segunda, ya no habrá eco de ese segundo. Y el comienzo será el preludio del fin, como en todas las cosas. Si la ejecuto oirás música y solo eso. Pero hay un medio de detenerla, parada y eterna, cada nota como una estatua dentro de ti mismo.

No la ejecutes, es lo que debes hacer. No la escuches y la poseerás. No ames y tendrás dentro de ti el amor. No fumes tu cigarrillo y tendrás un cigarrillo encendido en tu interior. No escuches la *Quinta Sinfonía* de Beethoven y para ti nunca terminará.

Así es como me redimo de lanzar piedras, normalmente... Así te enseñé a no matar. Erige dentro de ti el monumento al Deseo Insatisfecho. Y así las cosas nunca morirán antes de que tú mismo mueras. Porque, te digo, todavía más triste que lanzar piedras es arrastrar cadáveres.

Y si no puedes seguir mi consejo, porque más ávida que todo es siempre la vida, si no puedes seguir mis consejos y todos los programas que inventamos para mejorarnos, chupa caramelos de menta. Son tan frescos.

Tuya,

IDALINA

Fragmento*

Realmente no sucedió nada aquella tarde gris de abril. Todo, sin embargo, pronosticaba un gran día. Él le había avisado de que su llegada constituiría el gran hecho, el acontecimiento máximo de sus vidas. Por eso ella entró en el bar de la Avenida, se sentó junto a una de las mesitas de la ventana para verlo en cuanto asomase por la esquina. El camarero limpió la mesa y le preguntó qué deseaba. Esta vez precisamente no necesitaba ser tímida ni tener miedo de meter la pata. Estaba esperando a alguien, respondió. Él la miró un momento. «¿Tengo un aspecto tan abandonado que no puedo estar esperando a nadie?»; le dijo:

—Espero a un amigo.

Y sabía ahora que la voz le saldría perfecta: tranquila y negligente. (No era la primera vez que esperaba a alguien). Él limpió una mancha inexistente en el borde de la mesita de mármol y, tras una demora calculada, replicó, sin mirarla siquiera:

—Sí, señora.

Se acomoda mejor en la silla estrecha. Cruza las piernas con cierta elegancia que, incluso Cristiano se lo había dicho, le es natural. Sujeta el bolso con las dos manos, suspira descansadamente. Bueno. Solo hay que esperar.

A Flora le gusta mucho vivir. Realmente mucho. Esa tarde, por ejemplo, a pesar de que el vestido le aprieta la cintura y de que espera con horror el momento en que tenga que le-

* *Vamos Lêr!*, Río de Janeiro, 9 de enero de 1941.

vantarse y cruzar el largo recinto con un falda demasiado ajustada, a pesar de todo esto le gusta estar sentada allí, en medio de tanta gente, para tomar café con pasteles, como todos. Tiene la misma sensación que cuando era pequeña y su madre le daba las sartenes «de verdad» para llenarlas de comida y jugar a «ama de casa».

Todas las mesas del café están repletas. Los hombres fuman gruesos puros y los muchachos, metidos en amplios chaquetones, se ofrecen cigarrillos. Las mujeres beben refrescos y mordisquean dulces con una delicadeza de roedor para no estropear su pintura de labios. Hace un calor muy fuerte y los ventiladores zumban en las paredes. Si no estuviese vestida de negro podría imaginarse en un café africano, en Dakar o en El Cairo, entre ventiladores y hombres morenos discutiendo negocios ilícitos, por ejemplo. Incluso entre espías, ¿quién sabe?, metidos en aquellas sábanas árabes.

Naturalmente era absurdo estar jugando a pensar justamente esa tarde. Justamente cuando Cristiano le había prometido el día más grande del mundo y justamente, ¡oh!, justamente cuando tenía miedo de que no pasase nada... simplemente por la ausencia de Cristiano... Era absurdo, pero siempre que le pasaban «cosas» ella intercalaba esas cosas con pensamientos perfectamente fútiles y sin propósito. Cuando iba a nacer Nenê y ella estaba en el hospital, tendida, blanca y muerta de miedo, siguió obstinadamente el vuelo de una mosca alrededor de una taza de té y llegó a pensar de un modo general en la vida accidentada de las moscas. Y en realidad, concluyó, acerca de esos seres tan pequeños hay aún muchos estudios por hacer. Por ejemplo, ¿por qué si tienen un bello par de alas no vuelan más alto? ¿Serán impotentes esas alas o sin ideales las moscas? Otra cuestión: ¿cuál es la actitud mental de las moscas respecto a nosotros? ¿Y en relación con la taza de té, aquel gran lago dulzón y tibio? En realidad aquellos problemas no eran indignos de atención. Somos nosotros los que no somos dignos de ellos.

Entró una pareja. El hombre se paró en la puerta, escogió lentamente el lugar, se dirigió hacia él con la mujer del brazo, el aire feroz de quien se prepara para defender un derecho: «Yo pago tanto como los demás». Se sentó, lanzó una mirada circular de desafío por la sala, la muchacha era tímida y sonrió a Flora, una sonrisa de solidaridad de clase.

Bien, el tiempo corre. Un camarero de bigote rubio se dirige a Flora, sujetando acrobáticamente una bandeja con un refresco oscuro en el vaso húmedo. Sin preguntarle nada posa la bandeja, acerca el vaso a sus manos y se aleja. Pero, quién ha pedido refresco, piensa ella angustiada. Se queda quieta, sin moverse. ¡Ah! Cristiano, ¡ven pronto! Todos contra mí... ¡No quiero un refresco, quiero a Cristiano! Tengo ganas de llorar, porque hoy es un gran día, porque hoy es el día más grande de mi vida. Pero voy a contener en algún rinconcito escondido de mí (¿detrás de la puerta?, qué absurdo) todo lo que me atormenta hasta que llegue Cristiano. Voy a pensar en algo. ¿En qué? «¡Señores, señores! ¡Aquí estoy, preparada para la vida! Señores, nadie me mira, nadie nota que yo existo. Pero, señores, yo existo, ¡les juro que existo! Mucho, además. Miren, ustedes que tienen ese aire de victoria, miren: yo soy capaz de vibrar, de vibrar como la cuerda tensa de un arpa. Yo puedo sufrir con más intensidad que todos ustedes. Yo soy superior. ¿Y saben por qué? Porque sé que existo». ¿Y si se bebiese el refresco? Por lo menos aquella mujer que la mira como si ella no estuviese allí, como si ella fuese una mesa vacía, vería que hace algo.

Elige con cuidado una pajita, la desenvuelve con gestos negligentes y sorbe el primer trago. Menos mal que Nenê no ha venido. El refresco está helado y Nenê quiere probar todo lo que ve. ¿Cuando Cristiano llegue preguntará primero por ella o por Nenê? Cristiano dijo que ambos eran unos críos, que en el grupo él era el único adulto. Pero eso no entristece mucho a Flora. Una vez, al principio, él la dejó sentada en un rincón de la habitación y se puso a pasear de un lado al otro, frotándose el mentón. Después se paró ante ella, la miró un rato y dijo: «Pero ¡si eres una niña!». Sin embargo, después se acostumbró y Flora siempre le gustaba. Incluso porque desde pequeña sabía jugar a todo. Con Ruivo jugaba a soldados que matan, con la vecina de abajo era un carretero, en el colegio imitaba a la india que tiene muchos hijos, también a una maestra, ama de casa, vecina mala, mendiga, lisiada y vendedora ambulante. Con Ruivo jugaba a soldados, obligada por las circunstancias, porque necesitaba conquistar su admiración.

Por eso no fue tan difícil jugar a ser la amante de Cristiano. Y jugó tan bien que él, antes de irse, le dijo:

—Sabes, cría, vales más de lo que pensaba. No eres una niña, no. Eres una mujer llena de buen sentido y de independencia.

Le gustó el elogio de Cristiano, como cuando él elogió su vestido nuevo. O como cuando su profesor de francés le dijo: «¡Tú serez todavie un bon poète!». O como cuando su madre decía: «¡Cuando crezcas vas a cazar a alguno!». Claro que sabía hacer varias cosas e incluso muy bien hechas. Pero ella no era ninguna de aquellas personalidades que encarnaba para divertirse o por necesidad. ¡Flora era otra que nadie había descubierto aún! Ese era el misterio.

El refresco le había sentado mal. Su estómago se retuerce en náuseas. Cierra los ojos un momento y ve el líquido oscuro fluir y refluir en olas revueltas, rugiendo. Y Cristiano no viene. Hace una hora que está allí. Si Cristiano llegase en ese momento pediría algo amargo y las náuseas desaparecerían. Después diría orgulloso: «No sé lo que harías sola. Te pasan las cosas justo en el momento menos apropiado». ¿Y por qué de repente ese sabor de café en la boca? Hace señas al camarero. «Agua helada», pide. Después del primer sorbo se anima:

—¿De qué era el refresco?

—De café, señorita.

Ah, de café. Uf, ha empeorado: el camarero la mira con curiosidad e ironía.

—¿Está mejor, señorita?

—Sin duda. No me pasa nada.

—Beba una taza de café caliente y se le pasará todo —siguió él, irreductible.

—Tráigamela, por favor.

«Cristiano, ¿dónde estás? Yo soy pequeña, señores, en el fondo soy del mismo tamaño que Nenê. ¿No saben quién es Nenê? Pues es rubia, tiene los ojos negros y Cristiano dice que no se sorprende al ver su carita sucia. Dice que en nuestro cuarto desordenado las flores frescas, la carita de Nenê y mi aire de "pobre cariñito" son indivisibles. Pero hay algo en mi estómago. Y Cristiano no viene. ¿Y si Cristiano no viniese? La dueña de la casa donde vivimos, señores míos, jura que es frecuente el abandono de chicas con hijos. Conoce más de tres casos. ¿Qué me dicen? Oh, no fumen ahora».

El camarero viene con el café. Tiene un lindo bigote rubio.

—Si yo fuese usted intentaría librarme del refresco. Hay mucha gente que se marea con el refresco de café. Basta con ponerse dos dedos en la boca. El baño está a la izquierda.

Flora vuelve de allí humillada y no osa enfrentarse al bigote rubio. Se recuesta en la silla y se siente miserablemente bien.

Un aire fresco entra por las ventanas. «Declaraciones de Mussolini. ¡Suicidio en Leblon!* ¡Lea *A Noite*!». Lejanos sonidos de bocina. Cristiano ha perdido el tren o me ha abandonado.

El café se volvió familiar a sus ojos. Después de todo, los camareros son unos hombres bobos y muy ocupados. Están arreglando las sillas en la tarima de la orquesta, limpiando el piano. Clientes de otra clase, de la clase de los que después del baño y de la cena «necesitan gozar de la vida mientras son jóvenes; y ¿para qué se tiene dinero?», se instalan en las mesitas.

«Quiere decir que estoy perdida», piensa Flora.

Oye al principio unos golpecitos sordos, rítmicos, singulares y misteriosos, procedentes de la tarima de la orquesta. En efervescencia creciente, como animalitos burbujeando en un medio desconocido, se va acentuando el ritmo. Y, de pronto, del último negro de la segunda fila, se eleva un grito salvaje, prolongado, hasta morir en una queja dulce. El mulato de la primera fila se retuerce en un giro, su instrumento apunta

* Barrio de Río de Janeiro.

al aire y responde con un «bu-bu» ronco e infantil. Los golpecitos parecen hombres y mujeres balanceándose en un ejido
en África. De repente silencio. El piano canta tres notas sueltas y serias. Silencio.

La orquesta, con movimientos suaves, casi inmóvil, inclinada, desliza un «fox-blue» *pianisimo*, insinuante como una fuga.

Algunas parejas salieron abrazadas.

Llevo aquí tanto tiempo, ¡tanto tiempo!, piensa Flora y
siente que debe llorar. Quiere decir que estoy perdida. Se
aprieta la frente con las manos. ¿Qué va a pasar ahora? Al camarero le da pena y viene a decirle que puede esperar lo que
haga falta. Gracias. Se mira en el espejo. Pero ¿ella es esa que está
ahí? ¿Es esa, con cara de conejo asustado, que está pensando y
esperando? (¿De quién es esa boquita? ¿De quién son esos oji-
tos? Tuyos, no me fastidies). Si no intento salvarme me aho-
garé. Pues si Cristiano no viene, ¿quién dirá a toda esta gente
que existo? Y si yo, de repente, llamara al camarero, le pidiese
papel y tinta y dijera: ¡Señores, voy a escribir una poesía! ¡Cristiano querido! Te juro que Nenê y yo somos tuyas.

Miren: Debussy era un músico-poeta, pero tan poeta que
uno solo de los títulos de sus *suites* hace que te eches en el
césped del jardín, con los brazos debajo de la cabeza, a soñar.
Miren: campanas entre hojas. Perfumes nocturnos... Miren...,
gritó una mujer delgada en la mesa vecina, golpeando con el
dorso de la mano en la mesa, como si dijese: «Te lo garantizo,
ahora es de noche. No discutas».

—Tonterías, Margarita —replicó uno de los hombres fría-
mente—, tonterías. Mira que músico-poeta... Hay que ver...

Flora pediría papel y escribiría:

«Árboles silenciosos
perdidos en el camino.
Refugio manso
de frescura y sombra».

Cristiano no vendrá. Un hombre se acerca. ¿Qué pasa?

—¿Eh?

—Le pregunto si quiere bailar —repite. Guiña sus ojos
miopes con un aire tonto y curioso.

—Oh, no... Realmente no puedo... Oh, quizá más tarde... Espero a un amigo.

Él aún parado. ¿Qué hacer con aquel pelmazo? Dios mío, mis ojos.

—Yo no...

—Por favor, señorita, ya la he entendido —dice el hombre ofendido.

Y se aleja. ¿Qué ha pasado después de todo? No sé, no sé. Si no bajo la cara se ven mis ojos. Árboles silenciosos perdidos en el camino. Oh, seguro que no lloro por el hombre miope. Tampoco por Cristiano, que no vendrá nunca más. Es por esa mujer dulce, es porque Nenê es linda, linda, es porque esas flores tienen un perfume lejano. Refugio manso de frescura y sombra. «Señores, precisamente ahora que tengo tanto que decir no sé expresarme. Soy una mujer grave y seria, señores. Tengo una hija, señores. Podría ser un buen poeta. Podría cazar a quien quisiese. Sé jugar a todo, señores. Podría levantarme ahora y hacer un discurso contra la humanidad, contra la vida. Pedir al Gobierno la creación de un departamento de mujeres abandonadas y tristes, que nunca tendrán nada que hacer en el mundo. Pedir alguna reforma urgente. Pero no puedo, señores. Y por la misma razón nunca habrá reformas. Es que en vez de gritar, de reclamar, solo tengo ganas de llorar bajito y de quedarme quieta, callada. Tal vez no sea solo por eso. Mi falda es corta y apretada. No me voy a levantar de aquí. En compensación, tengo un pañuelo pequeño, de lunares rojos, y puedo sonarme sin que ustedes, que ni siquiera saben que existo, lo vean».

En la puerta aparece un hombre alto, con periódicos en la mano. Mira hacia todas partes buscando a alguien. Ese hombre va exactamente en dirección a Flora. Estrecha su mano, se sienta. La mira con los ojos brillantes y ella oye confusamente palabras sueltas. «Cariño, pobrecita... El tren... Nenê... Querida...».

—Tonterías, Margarita, tonterías —dice el hombre en la mesa vecina.

—¿Quieres algo? —pregunta Cristiano—. ¿Un refresco?

—Oh, no —despierta Flora. El camarero sonríe.

Cristiano, completamente feliz, le aprieta levemente la ro-dilla por debajo de la mesa. Y Flora decide que nunca, real-mente nunca, perdonará a Cristiano la humillación sufrida. ¿Y si no hubiese llegado? Ah, entonces toda esa espera tendría disculpa, tendría sentido. Pero ¿así? Nunca, nunca. Rebelarse, luchar, eso sí. Es necesario que aquella Flora desconocida de todos aparezca por fin.

—Flora, te he echado tanto, tanto de menos.

—Cariño... —dice Flora dulcemente, olvidándose de la falda corta y apretada.

Clarice periodista

Clarice Lispector inició sus actividades periodísticas en 1940. Su padre había muerto en agosto de ese mismo año y Clarice se fue a vivir con sus hermanas Elisa y Tânia, esta recién casada. La familia se había trasladado a Río de Janeiro, procedente de Recife, cinco años antes.

Clarice tenía solo veinte años cuando fue a ver a Lourival Fontes, director del DIP (Departamento de Imprensa e Propaganda), en busca de un empleo como traductora. Mientras tanto, y dada la ausencia de vacantes para esta función, fue contratada para trabajar como reportera y redactora en la Agência Nacional, distribuidora de noticias vinculada al Departamento de Imprensa e Propaganda.

La Agência Nacional, organismo creado por el gobierno Vargas, funcionaba, según Antônio Callado, uno de sus colaboradores, como «la redacción de un periódico perezoso», porque no le correspondía descubrir las noticias sino solo dar un tono oficial a lo que había sido anunciado antes por los periódicos.

La producción de Clarice en la Agência Nacional fue publicada sobre todo en la revista *Vamos Lêr!*, perteneciente al periódico *A Noite*, donde empezó a colaborar regularmente a partir de febrero de 1942, según aparece reflejado en su carnet de trabajo.

La presencia de la joven Clarice en la redacción desentonaba ampliamente con lo que se solía ver en el periodismo de la década de los cuarenta. Las mujeres que colaboraban en la prensa se limitaban casi exclusivamente a las páginas femeninas. El periodista Francisco Barbosa, compañero de redacción de Clarice, recuerda que el redactor de sucesos solía decir palabrotas «como quien bebe un vaso de agua». A cada palabrota dicha Clarice se ruborizaba. Años más tarde, ella comentaría con su hijo Paulo que los periodistas acabaron por crear un código en la redacción, dando golpes en la mesa para sustituir las frecuentes e inadecuadas palabrotas que solían soltar en su presencia.

Sin embargo, la entrada de Clarice Lispector en el mundo del periodismo más que asegurarle un sustento se encargó de abrirle también las puertas de la literatura; en las redacciones Clarice encontró su primer grupo de amigos escritores, como Francisco Barbosa y Lúcio Cardoso.[*] Ambos fueron amigos personales de la escritora y Cardoso ejerció un papel determinante en su formación literaria. Por mediación de Barbosa la editorial de *A Noite* publicó su primera novela, *Cerca del corazón salvaje*. La propuesta era que la editorial del periódico se hiciera cargo de los gastos de publicación y Clarice, en contrapartida, cediese sus derechos de autor, sin recibir ninguna remuneración por la venta de los ejemplares.

Cerca del corazón salvaje fue publicada en 1943, con una tirada de mil ejemplares, y ganó el Premio Graça Aranha a la mejor novela en 1944.

Los dos reportajes producidos por Clarice para la Agência Nacional y seleccionados para la presente edición son: «Donde se enseñará a ser feliz» (*Diário do Povo*, 19 de enero de 1941), donde la joven reportera sigue la inauguración de las «Ciudades de las niñas», un proyecto de la primera dama Darcy Vargas, gracias al cual cinco mil niñas huérfanas po-

---

[*] Joaquim Lúcio Cardoso Filho (1913-1968), poeta, novelista y pintor de Minas Gerais. Amigo de Clarice desde la época en que trabajaron juntos en *A Noite*, ella habla sobre su muerte en una crónica en el *Jornal do Brasil* del 2 de junio de 1973 y observa que este «había sido la persona más importante de mi vida durante mi adolescencia». *(N. de la T.)*

drían vivir con dignidad, y «Una visita a la inclusa» (*Vamos Lêr!*, 8 de julio de 1941), donde Clarice registra el papel de la Fundação Romão de Matos Duarte en la acogida de niños abandonados.

Donde se enseñará a ser feliz

Por Clarice Lispector
Redactora de la Agência Nacional

Resurge el sueño del padre Flanagan. Los Estados Unidos le habían gritado al mundo, desde un rinconcito de Nebraska, donde dominaba Liliput: no hay niños malos, solo les falta un hogar. Y aquella sorprendente «Boys Town» que se abrió para los niños fue la afirmación gloriosa de lo que parecía un sentimentalismo anacrónico. Y fue, todavía más, el crisol donde los niños se enfrentaron, alma contra alma, en primitiva simplicidad, borrando todo lo que la civilización había aconsejado como indispensable: los prejuicios de raza, de religión, y el odio, el gran odio que nace magnífico en el individualismo cultivado y muere humillado al sonar la primera sirena. Los niños del padre Flanagan nunca desearán la guerra.

Resurge el sueño del padre Flanagan. En un rincón del Brasil, a lo largo de una carretera, cinco mil chiquillas se instalarán en casas, en verdaderas casas, cubiertas, divididas en cuartos y salas... Y seguramente en su primera noche a cubierto, cinco mil chiquillas no podrán dormir. En la oscuridad de sus cuartos las miles de cabecitas que no pudieron entender la razón de su anterior abandono procurarán descubrir a cambio de qué se les da una casa, una cama y comida.

Cuando recibían caridad, recibían también un poco de humillación y de desprecio. No dejaba de ser bueno, porque no debían nada a nadie y se sentían muy libres. Libres para el odio. Pero en las casas donde ahora encuentran acomodo, casas limpias, con horas marcadas para la comida y la cena, con ropa y libros, son tratadas con naturalidad, con buen humor...

Las cinco mil chiquillas sufrirán en la duda algunos días, desconfiadas y ariscas. Apenas saben, las niñas de Darcy Vargas, que inician la vida ante el sentimiento más raro en este mundo: el de la bondad pura, que no pide y solo da.

La «Ciudad de las muchachas» no es propaganda para turistas. Esta es la realidad más seria y más emocionante. Nacerá inteligente y organizada. Será una escuela de mujeres. Lo que la criminología, la sociología y la psicología han investigado y afirmado en el mundo científico será ahora aplicado al terreno práctico. En una entrevista, la señora Darcy Vargas remarca que no es solo casa y comida lo que esas niñas recibirán. Será, en cambio, y sobre todo, el ambiente, el hogar. Su preocupación por no construir uno de aquellos caserones inmensos como internados, que se grabaría en la memoria de sus habitantes como una penitenciaría, obedece a esta orientación. En los centenares de casas, simples y alegres, las niñas se desarrollarán sin promiscuidad, como en una pequeña familia. La educación física, profesional y artística proporcionará una base en la vida a las pequeñas ciudadanas y constituirá el peculio de las jóvenes en su entrada en la vida. Serán admitidas con una edad máxima de ocho años, cuando todavía una vida tranquila y ordenada pueda borrarles las marcas dejadas por el abandono y por el sufrimiento.

Florecerán tranquila y pacíficamente. Pero en el momento de decir adiós a la «Ciudad» sabrán por fin que realmente se les daba tanto a cambio de algo. Brasil, América, el Mundo necesitan niños felices. Ellas ríen. Creen. Aman. Las jóvenes sabrán, entonces, que se espera de ellas que cumplan con el serio deber de ser felices.

Una visita a la Casa de Expósitos[*]

La historia del portugués Romão

«14 de enero de 1738 – 14 de enero de 1938.

Memoria del 2.º centenario de la creación de la Casa de Expósitos, ahora Fundação Romão de Matos Duarte, en honor al fundador y bajo la protección divina, siguiendo las enseñanzas de Jesús, el ejemplo de san Vicente de Paula, bajo el amparo de la Santa Casa de Misericordia y con la dedicación de las Hijas de la Caridad, la Fundación ha dado abrigo hasta hoy a 34.343 niños. Administración de 1927-1938».

Hasta llegar a leer el original estilo de la placa de bronce hay que cruzar un larguísimo patio umbroso, subir la escalinata de piedra, pararse un instante ante la virgen María protegida por las rocas, musgos y cascadas y subir más escaleras. La sala es grande y clara.

La hermana Voisin cierra las ventanas para que el retrato de Romão Duarte refulja en la oscuridad y cuenta su historia:

—*Il n'était pas trop riche, mais il était trop bon...*

El portugués Romão de Matos Duarte tiene un rostro humilde y sujeta el sombrero entre las manos, como si acabase de pedir un favor. En un buen día de su vida, allá por 1700, Romão abrió su puerta y encontró un bebé depositado en el umbral. Romão recogió al bebé, le dio leche y [*sic*], pero se puso a pensar en todos los otros bebés del mundo. De pensa-

[*] *Vamos Lêr!*, Río de Janeiro, 8 de julio de 1941.

miento en pensamiento, llegó a la conclusión de que debería nacer la Casa de Expósitos. Y así fue como nació.

Cerca, un retrato de Pedro I y otro de Pedro II, que visitaron la Casa.

—La princesa Isabel venía a probar la leche de los niños, les hacía camisitas...

La casa del «torno»

Inaugurada hace doscientos años, es el abrigo y el hogar de los abandonados. Diariamente una media de cuatro a cinco niños se incorporan a la institución. Unos llegan ya crecidos, sabiendo su nombre, su edad y sus padres. Otros, incluso de noche, son depositados en el torno, que da a la Travessa Visconde do Cruzeiro, y que, bajo el peso del paquetito allí colocado, gira y hace sonar una campanita. Don Átila Silveira acude, recibe el regalo y lo entrega a las hermanas. Entonces empieza la vida de un expósito más.

Allí, hasta su mayoría de edad, recibirá asistencia completa. Pasará por la guardería, bajo el control general del doctor Martinho da Rocha, aprenderá a gatear, a andar, a leer, a trabajar, a rezar, a amar, a elegir, a odiar. Entonces estará preparado para salir y luchar con los de fuera.

Las niñas aprenden labores domésticas, enseñanza primaria, bordado, mecanografía. Si se casan antes de los veintiún años, cosa difícil porque se relacionan poco, saldrán con ajuar, consejos y todo. O podrán trabajar y de vuelta del trabajo tendrán donde dormir.

Los niños, después de la enseñanza primaria, son seleccionados para los talleres. Los más inteligentes aprenderán tipografía. Después viene encuadernación, zapatería, sastrería. Los que aman la música «estudiarán para la banda de música», como dijo la hermana Isabel. Y, por la noche, podrán estudiar fuera el bachillerato, comercio o lo que sea. Si encuentran trabajo saldrán antes de la mayoría de edad o trabajarán dentro por un pequeño sueldo.

A veces el expósito se injerta de tal manera en el nuevo árbol que solo se desprende de él cuando se marchita. Por eso todavía vive en la Casa de Expósitos un grupo de viejecitos que nunca se acordó de huir.

La hermana Isabel dice que Teresinha, una de las viejecitas, está calentándose al sol y que, a pesar de su reticencia a aparecer en público, yo podré verla. Pero yo había recibido la lección de don Átila.

—Aquí vienen unos reporteros, quieren hacernos unas fotos... No tienen nada mejor que hacer.

Dejé, por lo tanto, que Teresinha, que debe de ser lenta y dulce, aproveche el calor del sol sin foto y sin testigos.

El jardín de infancia

La hermana Voisin me conduce por los largos corredores, silenciosos como los de los hospitales.

En la espaciosa sala funciona una especie de jardín de infancia, con aquellos cuadros de «Ivo chuta la pelota», «Rosina lee un libro». Las chiquillas están sentadas alrededor de la hermana profesora.

—Cantad para que os oiga esta señora.

Cantan el Himno Nacional. Y, como siempre, después del «Recostado eternamente...», las palabras empiezan a clarear, surgen miradas asustadas. Pero un rápido y fuerte «¡Tierra amada, Brasil!» lo salva todo. Una morenita recita una poesía sobre el «corazón del Brasil» y se sienta, vergonzosa. La hermana Voisin y la profesora están orgullosas.

Donde el correo no sirve para nada

Pasamos por el refectorio de sillas altas, para los pequeñitos, por los refectorios de las mayores, con ciento setenta lugares, la mesa puesta, ya con el pan y las naranjas colocados. Lámparas colgadas, con hiedra marchita en los cables, como después de una fiesta. En el fondo, una Virgen, bajo la inscripción «Ave María».

Después, la despensa, con los enormes recipientes llenos del más variado género. En la pared, como vigilancia suprema, un Jesús rodeado de flores.

La hermana Isabel enseña el aula. Niñas con vestidos a rayas y delantales azul marino. Pero ni demasiado justos ni demasiado holgados. Y dentro de cada uno, una criaturita muy personal, con gestos propios y carita inconfundible.

Es la clase de lectura. Una niña delgadita y viva lee, con voz muy clara, una página sobre «Correos y Telégrafos».

El correo lleva cartas a los parientes y amigos. El «seyado»…

—Sellado —corrige la hermana.

La guardería

—Nunca hay vacantes —informa la hermana Isabel—. Hace treinta años que estoy aquí y nunca…

Pero no se rechaza a ningún bebé. Entre otras cosas porque ¿adónde lo mandarían? Se consigue una cuna, se abre un pequeño claro entre las camitas y en él el bebé es bienvenido.

En la sala de los recién nacidos me enseñan un prematuro masculino. Un verdadero feto, la cabeza, sin exagerar, menor que una naranja-lima. Llegó sin ninguna indicación. Inmediatamente fue bautizado. «Era el día de san Bonifacio y Bonifácio se llamó…». Pero su historia no será larga. Bonifácio a estas horas ya debe de ser un ángel.

En la otra sala están los bebés de seis a diez meses más o menos, cuando aún no saben gatear. Allí están en sus cunas, en las más variadas y difíciles posiciones, y ay de quien se aburre terriblemente. Una recomendación higiénica recuerda: «Admirad las flores y los niños a cierta distancia».

Sin embargo, apenas empiezan a abrirse como una flor, aislamiento y nueva vida. Pasamos el día jugando en la terraza.

Ahora mismo un gramófono toca «Lourinha, serás a rainha deste carnaval» y los críos minúsculos bailan samba... No cabe duda de que, a pesar de todo, las Hijas de la Caridad consiguen ser madres. La mayor prueba es este lazo que han conseguido colocar en la cabecita rapada de una niña que danza con una extraña [*sic*], una chiquilla de cara delgada, ojos medio bizcos.

—¿Cómo te llamas?

Indiferencia.

—¿Cuántos años tienes?

Nada.

—Son tímidas con la gente de fuera —dice la hermana Genoveva, con un cierto orgullo. Conecta de nuevo el gramófono y la negrita recupera a su pareja.

Cerca, un pequeño sofá y dos sillas: en una un oso y en la otra un perro. Un teléfono rojo sobre la mesa esmaltada.

El armario de los fardos

Es el archivo. Un armario repleto de paquetitos donde están anotados los precarios datos sobre la procedencia de sus dueños. «Marilena, expósita, mulata, de 15 días, 11-5-41». «Regina Aparecida...».

—¿Esta llegó sin nada?

—Sí... ¿Cómo lo sabe?

Recordé a tiempo que todas son «aparecidas»...*

—Por nada...

Cuando llega un bebé se anota ropa por ropa, lunar por lunar, su apariencia. Así, si alguien viene a reclamarlo, tendrá que hacer la descripción perfecta y completa o no se llevará al expósito.

---

* «Maria Aparecida», advocación de la Virgen. Patrona de Río de Janeiro. (*N. de la T.*)

Súplica de las asiladas. Conceição cuenta su historia

En la sala de costura están las mayores, de dieciocho años más
o menos. Bordan con una perfección que ya es famosa. Reciben encargos para ajuares de novia, de bebés. Y mientras bordan cantan la «Súplica a Nossa Senhora para a sua protecção»,
preparándose para la fiesta de mayo.

> *¡Oh, dadnos a todos amparo y asistencia*
> *para alcanzar*
> *un día la gloria del Señor!*
> *Conservad a la doncella la flor de la inocencia,*
> *al corazón contrito la feliz penitencia,*
> *a todos nuestro amor.*

Es casi imposible hablar con las chicas. Los niños y las niñas
de la Casa de Expósitos se retraen ante las miradas, se rubori-
zan y pierden el habla.

A pesar de todo hablo con Conceição. Tiene catorce años,
dice. Llegó con cuatro y ya está en la casa desde hace siete
años... Le explico:

—Si llegaste con cuatro y llevas aquí siete años, tienes solo
once años...

Me mira desconfiada. «Tengo catorce», dice terca. Quiere
salir a trabajar mientras todavía está a tiempo. ¿A tiempo de
qué? Mientras tiene madre. Tiene hermanos también, que viven con su madre. Cuando nació las cosas eran diferentes y ella
fue entregada a la Casa. «¿Dónde vive tu madre?».

—Hace tiempo que lo quiero preguntar...

Pero no está solo el trabajo, el estudio y la religión. A veces, además de las salidas normales, hacen grandes excursio-
nes, a la Feria de Muestras, al Pão de Açúcar, y en la propia
Casa ven películas bonitas, sobre Anita Garibaldi, por ejemplo; divertidas, como los dibujos animados. Conceição adora
el cine. Además ellas mismas tienen un teatrillo en el que son
actrices. Un escenario pequeño, decorado con jóvenes griegas
danzando en un prado florido. Un piano de verdad, donado

por el Banco do Brasil, según parece. Además, la Casa de los Expósitos vive casi de donativos. La cantidad fija para los gastos es pequeña y no es elástica, a pesar de las economías de la espléndida ama de casa que es Soeur Voisin.

Los niños

Son, en general, más desenvueltos que las niñas.

Andan sueltos, jugando, leyendo historias de bandidos norteamericanos que compran con su propio dinero, ganado en pequeños trabajos para la Casa.

Un mulatito inteligente, estudiante de tipografía, es hoy el encargado de la limpieza. Pero, en los pequeños intervalos, que él mismo crea, lee el «Suplemento Juvenil». Se llama Norman. «¿Quién te puso este nombre?». «Mi madre». Pausa. «¿Dónde está?».

—No lo sé —responde, distraído.

Todavía en los talleres de tipografía hablo con Davi Rocha de Oliveira, de unos veinte años más o menos. Después de haber aprendido el oficio, se fue a trabajar fuera y estuvo por ahí unos tres años. Pero pensó que estaba olvidando lo que había aprendido, que no tenía oportunidad de aplicar todas las técnicas que había aprendido cuando era pequeño. Y volvió. Ahora trabaja, con sueldo, para la propia Casa. Es hijo de una antigua asilada que, al enviudar, lo cedió a las hermanas. Tiene novia y una sonrisa tranquila y feliz.

Y así, bajo la mirada dulce y firme de la Caridad, van poco a poco entrando en el camino ancho los que empezaron a andar por atajos estrechos y difíciles.

Y así es como la tragedia no es el «pan nuestro de cada día» de los expósitos. Entre ellos hay, seguramente, quienes esperan que la luz se apague para llorar. Los que tal vez odien a sus compañeros porque sufren la misma falta de madre y la misma presencia del uniforme. Pero estos sabrán un día liberarse. Los otros, como Norman, son distraídos. Y, a pesar de todos los avemarías y de todos los santos, encontrarán siempre un «Suplemento Juvenil».

¿Va a cerrar el torno?

Hay una cláusula del nuevo Código Penal que no permite aceptar niños sin datos claros sobre su identidad. Los infractores recibirán una pena de uno a cinco años de cárcel.

¿Qué pasará con el torno? ¿Qué será de Regina Aparecida y de Bonifácio?

Porque el ánimo que inspira al padre o a la madre de Bonifácio es librarse de la responsabilidad de sus vidas. Y eso solo pueden conseguirlo en secreto. ¿Qué hará el torno para sobrevivir? Quizá sea posible encontrar un sistema con el que no exista el peligro de un descubrimiento de identidad, o algo así.

No es prohibiendo la aceptación de niños no identificados como se acaba con su nacimiento. Y mientras no se pueda terminar con esta situación, algo que probablemente no sucederá pronto, lo mejor es mirarla de frente y aceptarla. Entre otras cosas porque es necesario no olvidar esto: además del infractor al Código Penal están Bonifácio y Regina Aparecida, que no tienen la culpa de nada.

Clarice estudiante

Clarice Lispector ingresó en la Facultad Nacional de Derecho de la Universidad del Brasil en 1939. Escogió la carrera casi por casualidad, por una observación de su padre que, viendo que desde pequeña era muy reivindicadora de los derechos de la gente, le dijo que entonces sería abogada.

Interesada sobre todo por el Derecho Penal, escuchó del jurista y profesor San Tiago Dantas, su amigo, el comentario de que quien elige la abogacía por el Derecho Penal no es abogado sino literato. De hecho, Clarice acabó la carrera en 1942 pero nunca recogió su título y afirmó en una entrevista que solo había acabado sus estudios por la incomodidad que sintió al oír decir a una amiga que «tenía la costumbre de no acabar nada de lo que empezaba».

En la facultad conoció a su futuro marido Maury Gurgel Valente, con quien se casó en 1943. Al acabar la carrera, Clarice acompañó a Maury —entonces en misión diplomática— en una serie de viajes que los llevarían a fijar su residencia en diversos países durante quince años, hasta la separación del matrimonio en 1959.

También en la facultad Clarice escribe los dos textos que presentamos en esta edición, ambos para la revista *A Época*, organizada por los alumnos de Derecho. «Observaciones sobre el derecho a castigar» y «¿Debe la mujer trabajar?» fueron publicados en agosto de 1941 y reflejan algunas de las preocupaciones centrales de la joven estudiante Clarice Lispector. En el primero se cuestiona los fundamentos mismos del «derecho» a castigar, expresando su deseo de una reforma radical en el sistema penitenciario del país (una de las razones que la llevaron a la carrera de Derecho, según declaró en diversas entrevistas); y en el segundo reflexiona posiblemente sobre su propia condición de mujer estudiante y aspirante a una carrera profesional en una facultad predominantemente masculina donde las mujeres no llegaban al diez por ciento de los alumnos.

Observaciones
sobre el derecho a castigar

1. No hay derecho a castigar. Hay solo poder para castigar. El hombre es castigado por su crimen porque el Estado es más fuerte que él; la guerra, gran crimen, no es castigada porque, si por encima de un hombre hay hombres, por encima de los hombres no hay nada más.

Y no hay derecho a castigar porque la misma representación del crimen en la mente humana es inestable y relativa: ¿cómo pensar que puedo castigar basándome solo en que mi criterio para juzgar si un acto es criminal o no es superior a todos los demás criterios? ¿Cómo creer que tenemos verdaderamente el derecho a castigar si sabemos que no observar el acto X, hoy acto delictivo, se consideraba igualmente delito? «Ninguno de nosotros puede alardear de no ser un delincuente en relación con un Estado social dado, pasado, futuro o posible», dijo Tarde.*

Lo que es cierto, en la cuestión del castigo, es que determinadas instituciones, en una época dada, al sentirse amenazadas en su solidez por la penetración de determinados actos, los considera punibles. Muchas veces en esos actos no hay ni rastro de un delito natural, esas instituciones solo quieren defenderse. Otra humanidad hablaría de «derecho a defenderse», derecho a luchar, a dejar comparecer en el campo de ba-

* Gabriel de Tarde (1843-1904), criminólogo y psicólogo social francés. (N. de la T.)

talla a la institución vieja y a la nueva. Porque el crimen, la mayoría de las veces, significa un ataque a determinada institución vigente, y si no fuese castigado representaría el derrumbamiento de esa institución y el establecimiento de una nueva. Así se llevaría a cabo una evolución más rápida y violenta, de resultados probablemente malos, teniendo en cuenta la frecuente anormalidad del delincuente. La sociedad, sin embargo, más sabiamente, prefiere hablar de «un derecho a castigar», fuerza unilateral, que garantice una buena defensa contra el ataque a su estabilidad.

2. Una hipótesis sobre la aparición y evolución del derecho a castigar:

Al principio no existían derechos sino poderes. Desde que el hombre pudo vengar la ofensa que se le había infligido y comprobó que esa venganza lo satisfacía y atemorizaba al posible reincidente, solo dejó de ejercer su fuerza ante una fuerza mayor. Sin embargo, como sucede muchas veces en el terreno biológico, la reacción —venganza— empezó a superar con creces a la acción —ofensiva— que la había provocado. Los débiles se unieron, y entonces empezó exactamente el plan, es decir, la introducción de lo consciente y del razonamiento en el mecanismo social, o mejor, ahí empezó la sociedad propiamente dicha. Los débiles unidos no dejan de ser una fuerza. Y los débiles, ladinos y sofistas, los primeros inteligentes de la historia de la humanidad, procuraron someter aquellas relaciones, hasta entonces naturales, biológicas y necesarias, al dominio del pensamiento. Surgió, como defensa, la idea de que, a pesar de no tener fuerza, tenían derechos. Nuevas nociones de Justicia, Caridad, Igualdad, Deber se fueron insinuando en aquel grupo primitivo, instituidas por los que las necesitaban, tan seguro como que las primeras medicinas fueron inventadas por los enfermos. Y en el espíritu del hombre se fue formando lo que correspondía a tal cambio: un superyó más o menos fuerte que en adelante regiría y fiscalizaría las relaciones del nuevo hombre con sus semejantes frente a la sociedad, que le impediría perpetrar actos considerados prohibidos por todos. A medida que estas nociones se fueron plasmando en el individuo y con el transcurrir de las generaciones, los medios de vida fueron extinguiendo cada vez más su posibilidad de usar la fuerza bruta en las relaciones entre los hombres. En la resolución de sus litigios ya no aparecía el fuerte y musculoso frente al menos poderoso por nacimiento y naturaleza. Igualados por las mismas condiciones, debilitada su agresividad animal por el nacimiento del superyó (hombre social), firmaron (sin ser conscientes de ese objetivo) una especie de tratado de paz: las leyes, por las cuales los intereses y las prohibiciones no serían violados recíprocamente, bajo garantía de un castigo por parte de la colectividad. Es el paso del castigo administrado por el ofendido al castigo que procede de toda una sociedad. Y eso se explica: si todos estuviesen en condiciones más o menos iguales sería difícil la defensa; para mantener la inviolabilidad de las leyes hicieron titular del derecho a toda la colectividad, un adversario fuerte.

El resto sigue naturalmente. A los más capaces, a los más fuertes, se les atribuye la vigilancia de las leyes, y constituyen el primer Estado, es decir, el organizador permanente de la estabilidad social. Ese nuevo órgano fortalecido por todos en el transcurso de los tiempos pasó a encarnar el poder, independientemente de la aquiescencia individual. Y ese órgano se concede a sí mismo, sin otro fundamento, el «derecho a castigar».

3. Una lección de Sócrates enseñaba que antes de cualquier discusión filosófica había que definir los términos. De hecho, ¿al hablar de derecho a castigar no se incluyen bajo ese término contenidos diferentes? Actualmente, en realidad, no es a castigar a lo que hay derecho sino a defenderse, a impedir, a luchar. Castigar es solo un resquicio del pasado, cuando la venganza era el objetivo de la sentencia. Y la permanencia de ese término en el vocabulario jurídico es un ligero indicio de que la pena hoy administrada todavía no es una pena científica, impersonal, sino que en ella entran muchos de los sentimientos individuales de los que aplican el derecho (como el sadismo

y la idea de fuerza que confiere el «derecho a castigar»). Y en este caso incluso repugna admitir un «derecho a castigar».

Ahora bien, si hablamos de un derecho a defender la sociedad contra la reincidencia de un delito, de un derecho a tomar la dirección de una vida para restituirla a la normalidad, entonces sería débil la expresión «derecho a castigar». Debería hablarse de «deber de castigar».

4. La teoría de un contrato social estipulado entre los hombres y los Estados, que concede a estos el derecho a castigar, peca porque confiere a la evolución de la sociedad y del derecho mucho de intervención consciente del hombre. «Il n'y a personne qui, en entrant dans une société civile, stipule de l'État qu'il le punira s'il commet quelque crime», dijo Pastoret. Y si se retira el elemento «voluntad» de ese contrato ipso facto, pierde el carácter de contrato.

5. Hubo un tiempo en el que la medicina se contentaba con apartar al enfermo, sin curarlo y sin procurar sanar las causas que producían la enfermedad. Así es hoy la criminología y la institución del castigo.

Surge en la sociedad un crimen, que es solo uno de los síntomas de un mal que forzosamente debe de estar en esa sociedad. ¿Qué hacen? Usan el paliativo de la pena, sofocan el síntoma…, y se considera cerrado el proceso. ¿Cómo imaginar entonces que el fundamento de ese poder que la sociedad tiene de castigar está en su legitimidad, si esa legitimidad solo se explicaría por su utilidad? ¿Y dónde está su utilidad? Si X comete un robo y es encarcelado, ¿A, B, C y D ya no pueden cometer el mismo delito? El castigo ha olvidado enfrentarse a la reincidencia en su sentido más lato.

Solo habrá «derecho a castigar» cuando castigar signifique el empleo de aquella vacuna de la que habla Carnelucci contra el germen del delito. Hasta entonces sería preferible abandonar la discusión filosófica de un «fundamento del derecho a castigar», y, con la cabeza baja, continuar administrando morfina a los dolores de la sociedad.

Nota: un colega nuestro ha dicho que este artículo es «senti-mental». Quiero aclararle que el Derecho Penal trata de cosas humanas por excelencia. Solo se puede estudiar, pues, humana-mente. Y si el adjetivo «sentimental» se debe a mi alusión a ciertas cuestiones extrapenales, le diré que no se puede llegar a conclusiones en ningún campo sin establecer las premisas indispensables.

¿Debe trabajar la mujer?
Clarice Lispector - Tercer curso

El problema de la mujer ya se ha hecho viejo, aunque solo date de la Gran Guerra, de tanto como ha sido observado y estudiado. ¿Debe o no debe la mujer extender sus actividades a los diversos sectores sociales? ¿Debe o no dirigir su mirada también fuera del hogar? Por una parte se nos presenta como si siguiese apenas su eterno destino biológico y por otra es la nueva mujer, que escoge libremente su camino.

Por un lado, la casa, incluyendo hijos y marido, que exige una abnegación constante. Por el otro, la evolución de las costumbres y de los ideales, que la lanzan al conocimiento de sí misma y de sus posibilidades.

En un momento de crisis habían pedido su ayuda. Su reacción sorprendió al mundo y, sobre todo, a ella misma, probando algo absolutamente nuevo: la mujer también «puede».

Este descubrimiento fue la causa del problema surgido en la sociedad, y, simultáneamente, del conflicto interior nacido en la propia mujer: se sabía ahora poseedora de dos tendencias opuestas, una altruista y otra egocéntrica, tendencias que la conducirían a caminos diversos.

Sin embargo, la evolución de los tiempos, con su función equilibradora, ha venido, sin construir teorías, a resolver el asunto, cortando a un tiempo las alas del feminismo exaltado y las del conservadurismo arraigado.

La mujer moderna estudia. Trabaja. Y, con sus facultades despiertas y desarrolladas, construye su hogar, guiando conscientemente a sus hijos. Las legislaciones sobre el trabajo más adelantadas abren un capítulo regulador de sus actividades. Se acepta el nuevo orden que, después de todo, aunque dio a la mujer la alegría de un poco de libertad y, sin duda, algunos males, tampoco fue provocado por ella sino por los acontecimientos mundiales y por la consecuente inestabilidad de la vida moderna.

«Encuesta» entre estudiantes

El problema pertenece sobre todo a los jóvenes, a los que aún escogen caminos. Una facultad de Derecho, donde se aprende a aceptar la evolución y a consolidarla en leyes, refleja y capta la manera de sentir de la sociedad. Indagamos, pues, las opiniones de varios compañeros nuestros sobre este asunto. Y de la rápida «encuesta», que en parte reproducimos abajo, concluimos que ya se enfoca el problema de la mujer sin grandes prejuicios y que, tanto chicas como chicos, con cierta uniformidad de punto de vista, colocan la cuestión en el sabio y prudente punto de equilibrio.

Maria Luiza Castelo Branco, alumna de tercer curso, no cree que se pueda trazar rígidamente el rumbo de la mujer en relación con el trabajo.

—De manera general no hay nada que impida a una mujer trabajar cuando su sueldo es necesario. Además, en un caso así no hay elección posible y el hombre tiene que estar de acuerdo. Hay otra situación en la que admito que la mujer trabaje: cuando ese trabajo corresponde a una necesidad interior y le interesa particularmente. En ese caso, ella deberá, con los mismos derechos que cualquier otro ser humano, seguir su vocación. Los otros casos, excepto los citados, no los justifico. Su papel en el hogar es suficientemente absorbente y serio como para que busque en otro lugar otro campo de actividad.

—¿Y en cuanto al estudio?

—Plena libertad.

—¿Por qué decidiste estudiar Derecho?

—Pretendía entrar en Itamaraty* y, con la cultura adqui-
rida aquí, prepararme para las oposiciones.

—¿Piensas ejercer la abogacía algún día?

—Pienso aprovechar mi profesión de alguna manera aunque aún no sé en qué sentido.

—¿Crees que las mujeres tienen los mismos derechos que
los hombres?

Maria Luiza piensa un poco y dice con sentido común:

—Teóricamente sí. Pero en la realidad eso es imposible.
No solo por las condiciones de la sociedad, sino también, y
sobre todo, por su propia naturaleza, que le hace pedir otros
derechos, diferentes de aquellos a los que aspiran los hombres.

«Que no trabaje»

Romulo Olivieri, de segundo curso, considera que la mujer ha
nacido para dedicarse exclusivamente al hogar, a la familia, y
no para cultivar cualquier tipo de trabajo. Debe estudiar solo
como medio para ilustrarse, para guiar un día a su hijo, edu-
cándolo suficientemente. Romulo es de la vieja guardia. Sobre
todo cree en una diferencia intelectual entre el hombre y la
mujer, más frágil en todos los sentidos.

—¿Has notado alguna diferencia de nivel intelectual entre
los compañeros masculinos y femeninos desde la enseñanza
primaria hasta ahora?

La pregunta es insidiosa. Romulo duda un poco.

—No —dice después.

«La mujer puede competir con el hombre, pero…»

Luiza Gulkis, de cuarto curso, es presidenta del Departamento Femenino de la Asociación de Estudiantes.

* Palácio de Itamaraty, sede del Ministerio de Asuntos Exteriores de
Brasil. *(N. de la T.)*

—Creo —dice Luiza— que la mujer puede competir con el hombre y superarlo en diversos casos. Pero, si no le es necesario trabajar, que no trabaje. La mujer debe ser para la sociedad una especie de ejemplo —añade.

—Pero la mujer puede trabajar sin perder la feminidad —completa Marilda Viana, de primer curso, que asiste a la conversación.

Luiza está de acuerdo, pero mantiene su opinión: que solo trabaje por necesidad material. Luiza estudia Derecho porque desea una cultura más amplia. No pretende ejercer la abogacía. Se desilusionó con la aridez de la carrera, en la que esperaba encontrar «más literatura». Cuando acabe dará clases, siguiendo una profesión que le parece que se adapta mejor a la naturaleza femenina.

«La mujer ha conquistado el derecho al trabajo»

En cuanto a Virgílio Pires de Sá, de cuarto curso, su opinión es más liberal:

—La mujer ha conquistado el derecho al trabajo. La relativa independencia en que se encuentra no ha sido comprendida hasta ahora. Pero sus reivindicaciones son justas y no veo motivos serios que le impidan trabajar, a menos que tenga hijos y que no se necesite simultáneamente su sueldo. Tampoco admito la pretendida superioridad intelectual del hombre. Que ella estudie, que trabaje, que se desarrolle. Un hombre tendrá que agradecer a su compañera su capacidad para comprender y la inteligencia con que dirija a sus hijos.

Clarice dramaturga

La pecadora quemada y los ángeles armoniosos —el único texto teatral escrito por Clarice Lispector— fue publicado solo una vez, en 1964, en el volumen *La Legión Extranjera*, una antología de cuentos, crónicas y fragmentos.

Editados anteriormente en la prestigiosa revista *Senhor*, los textos que componían *La Legión Extranjera* se dividían en dos partes, publicadas en un mismo volumen. La primera, *La Legión Extranjera*, era una serie de cuentos, y la segunda, bautizada como *Cajón de sastre,* reunía algunas crónicas, notas sueltas y escritos dispersos. Entre estos textos se encontraba *La pecadora quemada*.

En la introducción a *Cajón de sastre*, Clarice escribe: «¿Por qué sacar del cajón de sastre, por ejemplo, la "pecadora quemada", escrita por diversión mientras esperaba el nacimiento de mi primer hijo?».

De hecho, mientras esperaba el nacimiento de Pedro, en 1948, en Suiza, Clarice escribe a su amigo y escritor Fernando Sabino: «Estoy divirtiéndome tanto que no te lo puedes imaginar; he empezado a hacer una "escena" (no sé darle el nombre verdadero o técnico); una escena antigua, tipo tragedia de la Edad Media, con coro, sacerdote, pueblo, esposo, amante... En verdad os digo, ¡es una cosa horrible! Pero tenía tantas ganas de hacerlo que lo he hecho en contra de mí misma. (...) No te imaginas el placer... Trabajando en esta escena estoy descubriendo una especie de estilo polvoriento, una especie de estilo que está siempre bajo nuestro estilo y que es una mezcla de lecturas vulgares de adolescencia (…), una mezcla de grandilocuencia, que en realidad es como quisiéramos escribir (pero al buen gusto le parece, con razón, ridículo) (…). Quizá, si llego a un punto en que la grandilocuencia por lo menos tenga el pudor de la gramática, te lo mandaré. El verdadero título de esta tragedia en un acto sería para mí "divertimento", en el sentido más antiguo de esta palabra».

También en carta del poeta João Cabral de Melo Neto dirigida a Clarice, en 1949, encontramos una mención a la misma obra: «Estoy esperando "El coro de los ángeles". Hablas de él tan fabulosamente que mi expectativa aumenta. Aunque estoy seguro de que te gustará cuando esté impreso en buen papel». El comentario del poeta se refiere a su intención de publicar la obra en su imprenta manual, como había hecho con el texto de otros escritores.

El lanzamiento de *La Legión Extranjera*, en 1964, sería en gran parte ocultado por la estruendosa repercusión de *La pasión según G. H.*, publicada el mismo año. El libro fue relanzado por la editorial Ática en 1977, pero dividido en dos ediciones distintas: *La Legión Extranjera* (ahora dedicada solo a los cuentos) y *Para no olvidar* (que reunía la misma selección de fragmentos y escritos dispersos antes llamada *Cajón de sastre*).

De esta segunda edición, que en realidad sería publicada póstumamente, sería suprimida *La pecadora quemada y los ángeles armoniosos*, dejando así el texto prácticamente inédito y restringido a los conocedores de la publicación de 1964.

En un artículo escrito sobre la obra, Earl Fitz —el más importante estudioso norteamericano de Clarice Lispector— escribe: «*La pecadora quemada* utiliza un tono alegórico para explorar (…) alguno de los temas característicos de Clarice, como el fracaso del lenguaje, el silencio, el aislamiento humano, demostrando una aguda conciencia de la injusticia que marca a la mujer en la sociedad humana».

La pecadora quemada
y los ángeles armoniosos

ÁNGELES INVISIBLES: Henos casi aquí, llegados por el largo camino que existe antes de vosotros. Pero no estamos cansados, este camino no exige fuerza y, si reclamase vigor, ni el de vuestras preces nos levantaría. Solo un vértigo es lo que hace arremolinarse los gritos con las hojas hasta la abertura de un nacimiento. Basta un vértigo, ¿qué sabemos? Si los hombres dudan sobre los hombres, los ángeles ignoran sobre los ángeles, el mundo es grande y bendito sea lo que es. No estamos cansados, nuestros pies nunca han sido lavados. Chillando a esta próxima diversión, venimos a sufrir lo que debe ser sufrido, nosotros que aún no hemos sido tocados, nosotros que aún no somos niño y niña. Henos aquí en las redes de la verdadera tragedia, de la que extraeremos nuestra forma primera. Cuando abramos los ojos para ser los nacidos, no recordaremos nada: niños balbucientes seremos y vuestras mismas armas empuñaremos. Ciegos en el camino que anticipa pasos, ciegos seguiremos cuando, con los ojos ya abiertos, nazcamos. También ignoramos a qué venimos. Nos basta la convicción de que aquello que deba ser hecho será hecho: la caída de un ángel es la dirección. Nuestro verdadero principio es anterior al principio visible, y nuestro verdadero final será posterior al final visible. La armonía, la terrible armonía, es nuestro único destino previo.

SACERDOTE: En el amor por el Señor no me he perdido, siempre seguro en Tu día como en Tu noche. Y esta simple mujer por tan poco se ha perdido, y ha perdido su naturaleza, y hela aquí sin poseer nada, y ahora pura, lo que le resta aún lo quemarán. Los extraños caminos. Ella consumió su fatalidad en un solo pecado al que se entregó por completo, y hela ahí, en el umbral de su salvación. Cada humilde vía es una vía: el pecado grosero es una vía, la ignorancia de los mandamientos es una vía, la concupiscencia es una vía. Lo que no era una vía era mi prematura alegría de recorrer como guía y tan fácilmente la sacra vía. Lo que no era una vía era mi presunción de haberme salvado a la mitad del camino. Señor, concédeme la gracia de pecar. Es una carga la falta de tentaciones en la que me has dejado. ¿Dónde están el agua y el fuego por los que nunca he pasado? Señor, concédeme la gracia de pecar. Esta vela que he sido, encendida en Tu nombre, ha estado siempre encendida en la luz y no he visto nada. Pero, ah, esperanza que me abrirá las puertas de Tu violento cielo: ahora comprendo que si de mí no has hecho la antorcha que arderá, por lo menos has hecho el que atiza el fuego. Ah, esperanza en la que veo aún mi orgullo de ser elegido: en contrición me golpeo el pecho, y con alegría que desearía mortificada digo: el Señor me ha señalado para pecar más que la que ha pecado y al final consumaré mi tragedia. Porque Te has servido de mi palabra airada para que yo cumpla, más que el pecado, el pecado de castigar el pecado. Para que descienda tan bajo de mi peligrosa paz que la oscuridad total —donde no existen candelabros ni púrpura papal ni siquiera el símbolo de la cruz— la oscuridad total seas Tú. «Las tinieblas no te cegarán», está escrito en los Salmos.

PUEBLO: Hace días que tenemos hambre y aquí estamos para buscar alimento.

(Entran la pecadora y dos guardias).

SACERDOTE: «Ella hizo sus delicias de la esclavitud de los sentidos», por la señal de la Santa Cruz.

PUEBLO: Hela aquí, hela aquí, hela aquí.

NIÑO SOÑOLIENTO: Hela.

MUJER DEL PUEBLO: Hela, la que erró, la que para pecar necesitó dos hombres, un sacerdote y un pueblo.

PRIMER GUARDIA: Somos los guardianes de nuestra patria. Nos ahogamos en una asfixiante paz, y de la última guerra ya hemos olvidado hasta los clarines. Nuestro amado rey nos reparte en puestos de extrema confianza, pero en la vigilia inútil nuestra virilidad casi se duerme. Hechos para morir gloriosamente, he aquí que vivimos avergonzados.

SEGUNDO GUARDIA: Somos el guardián de un Señor cuyo dominio nos parece muy confuso: ora se extiende hasta donde llegan las fronteras marcadas por la costumbre y el uso, y nuestras lanzas entonces se alzan al grito de la fanfarria, ora tal dominio penetra en tierras donde existe una ley muy anterior. Henos, pues, esta vez guardando lo que por sí mismo será siempre guardado, por el pueblo y por el destino. Bajo este cielo de sofocante tranquilidad, puede faltar el pan, pero nunca faltará el misterio de la realización. ¿Qué estamos fantásticamente velando sino el destino de un corazón?

PRIMER GUARDIA: Cómo recuerdan vuestras últimas palabras el añorado retumbar de un cañón. Qué deseo de vigilar por fin un mundo más pequeño, donde sea nuestra lanza la que hiera de muerte al que va a morir. Pero aquí estamos, guardando a una mujer que, como ella misma bien dice, ya ha sido incendiada.

Ángeles Invisibles: Incendiada por la armonía, la sangrienta suave armonía, que es nuestro destino previo.

(Entra el esposo).

Pueblo: He aquí el marido, aquel que ha sido traicionado.

Esposo: Hela aquí, la que será quemada por mi cólera. ¿Quién habló a través de mí y me dio tamaño poder? Fui yo el que azuzó la palabra del sacerdote y reunió a la tropa de este pueblo y despertó la lanza de los guardias, y dio a este patio un aire de gloria tal que abate sus muros. Ah, esposa aún amada, de esta invasión quisiera verme libre. Soñaba con estar solo contigo y recordarte nuestra alegría pasada. Dejadla a solas conmigo, porque desde ayer vivo y no vivo, dejadla a solas conmigo. Ante vosotros —extraños a mi felicidad anterior y a mi desdicha de ahora— no consigo ver ya en esta mujer a la que fue y no fue mía, ni en nuestra fiesta pasada aquella que era y no era nuestra. ¿Qué le pasa a este corazón mío que ya no reconoce al hijo de su Venganza? Ah, remordimiento; yo debería haber alzado el puñal con mi propia mano, y sabría entonces que, si yo había sido traicionado, sería yo mismo el vengado. Pero esta escena ya es de mi mundo, y esta mujer que recibí en la modestia la pierdo al son de trompetas. Dejadme solo con la pecadora. Quiero recuperar mi antiguo amor, y después llenarme de odio, y después yo mismo asesinarla, y después adorarla otra vez, y después nunca olvidarla, dejadme solo con la pecadora. Quiero poseer mi desgracia y mi venganza y mi pérdida, y todos vosotros impedís que sea yo el señor de este incendio, dejadme solo con la pecadora.

Sacerdote: Cuántos años hace que no nacía un santo. Cuántos años hace que una criatura no profetizaba en su cuna. Cuántos años hace que un ciego no veía, que un leproso no se curaba, ah qué árido tiempo. Estamos bajo el peso de un misterio tal a punto de revelarse que, en el primero a quien se señale, como un rayo, Tu esperado milagro se consumará.

PRIMER GUARDIA: Cada uno habla y nadie escucha.

SEGUNDO GUARDIA: Cada uno está a solas con la culpable.

(Entra el Amante).

PRIMER GUARDIA: La comedia está completa: he aquí al amante, estoy radiante.

PUEBLO: He aquí al amante, he aquí al amante y he aquí al amante.

NIÑO SOÑOLIENTO: *He aquí al amante.*

AMANTE: Ironía que no me hace reír: llamar amante a aquel que ardió de amor, llamar amante a aquel que lo perdió. No amante, sino amante traicionado.

PUEBLO: No comprendemos, no comprendemos y no comprendemos.

AMANTE: Pues esta mujer, que en mis brazos a su esposo engañaba, en los brazos del esposo engañaba a aquel con quien lo engañaba.

PUEBLO: ¿Entonces escondía del esposo a su amante y del amante escondía al esposo? Eso es el pecado del pecado.

AMANTE: Pero yo no me río y por un momento no sufro. Abro los ojos, hasta ahora cerrados por la jactancia, y os pregunto: ¿quién?, ¿quién es esta extranjera, quién es esta solitaria a la que no bastó con un solo corazón?

ESPOSO: Es aquella para quien yo traía de mis viajes brocados y preciosas pedrerías, y por quien todo mi comercio de valor se convirtió en un comercio de amor.

AMANTE: Pues en su límpida alegría ella venía a mí tan singular que nunca la habría supuesto viniendo de un hogar.

ESPOSO: No hubo joya que ella no desease y que no ocultase la desnudez de su cuello. Nada existió que no le diese, pues para un viajero humilde y fatigado la paz está en su mujer.

SACERDOTE: «Los enemigos del hombre están en su propia casa».

ESPOSO: Pero en la transparencia de un brillante ella ya escrutaba la llegada de un amante. Os lo dice quien ha probado la ponzoña: cuidaos de una mujer que sueña.

AMANTE: Ah, desdicha, porque si también junto a mí soñaba, ¿qué más deseaba? ¿Quién es esta extranjera?

SACERDOTE: Es aquella a quien en los días santos ofrecí inútilmente palabras de virtud que podrían cubrir su desnudez con mil mantos.

MUJER DEL PUEBLO: Todas estas palabras tienen extraños sentidos. ¿Quién es esta que ha pecado y más parece que recibe la alabanza a su pecado?

AMANTE: Es aquella irrevelada que solo reveló el dolor ante mis ojos. Por primera vez amo. Yo te amo.

ESPOSO: Es aquella a quien el pecado tardíamente me anunció. Por primera vez te amo, y no a mi paz.

PUEBLO: Es aquella que en verdad a nadie se entregó, y ahora es toda nuestra.

Ángeles Invisibles: Pues es terrible la armonía.

Pueblo: No comprendemos, no comprendemos y etcétera.

Ángeles Invisibles: Si incluso en este lado de la orilla del mundo nosotros apenas lo entendemos, cuánto más vosotros, los hambrientos, y vosotros, los saciados. Que os baste la sentencia generadora: lo que debe ser hecho será hecho, este es el único principio perfecto.

Pueblo: No comprendemos, tenemos hambre y tenemos hambre.

Primer Guardia: Esta gente fatigante, si es llamada a fiesta o a entierro, es posible que cante...

Pueblo: ...tenemos hambre.

Segundo Guardia: Tienden siempre la misma emboscada que consiste en una sola tonada.

Pueblo: ...tenemos hambre.

Sacerdote: No interrumpáis con vuestra hambre, sosegaos, pues vuestro será el Reino de los Cielos.

Pueblo: Donde comeremos, comeremos y comeremos, y tan gordos nos pondremos que por el ojo de una aguja por fin, por fin, no pasaremos.

Sacerdote: ¿Qué ha venido a hacer esta gente? ¿Y a qué han venido el esposo, el amante, los guardias? Pues sola conmigo ya habría sido incendiada.

Amante: ¿Que ha venido a hacer esta gente? Sola conmigo ella amaría otra vez, otra vez pecaría, se arrepentiría otra vez, y así en un solo instante el Amor se realizaría de nuevo, aquel que en sí mismo lleva su puñal y su fin. Yo te recordaría los recados al caer la noche… El caballo impaciente esperaba, la linterna en el patio… Y después…, ah, tierra, tus campos al amanecer, cierta ventana que ya empezaba a madrugar en la oscuridad. Y el vino que de alegría yo después bebía, con lágrimas de borracho para turbarme. (Ah, entonces es verdad que incluso en la felicidad yo ya buscaba experimentar en las lágrimas el sabor previo de la desgracia).

ÁNGELES INVISIBLES: El sabor previo de la terrible armonía.

NIÑO SOÑOLIENTO: Ella está sonriendo.

PUEBLO: Está sonriendo, está sonriendo y está sonriendo.

ESPOSO: Y sus ojos brillan húmedos, como en una gloria…

MUJER DEL PUEBLO: ¿Qué está pasando, por qué esta mujer que va a ser quemada ya se convierte en su propia historia?

PUEBLO: ¿A qué sonríe esta mujer?

SACERDOTE: Tal vez piensa que, si estuviera sola, ya sería incendiada.

PUEBLO: ¿A qué sonríe esta mujer?

PRIMER Y SEGUNDO GUARDIAS: Al pecado.

ÁNGELES INVISIBLES: A la armonía, a la armonía, a la armonía que no tardará.

AMANTE: Sonríes inaccesible y la primera cólera me posee. Recuerda que en la alcoba donde te conocí era diferente tu sonrisa y el brillo de tus ojos tus únicas lágrimas. ¿Por qué extraña gracia el pecado abyecto te ha transfigurado en esta mujer que sonríe llena de silencio?

ESPOSO: Ira impotente: aquí está, sonriendo, aún más ausente de mí que cuando era de otro. ¿Por qué me ha escuchado este pueblo más de lo que mis palabras querían ser escuchadas? Ah, mecanismo cruel que he desencadenado con mis lamentos de herido. Pues he aquí que la he hecho inalcanzable antes de su muerte. La incitación al incendio ha sido mía, pero no será mi victoria: esta pertenece ahora al pueblo, al sacerdote, a los guardias. Porque vosotros, infelices, esconder no podéis que de mi infortunio por fin viviréis.

AMANTE: Sonríes porque me usaste para ser, todavía viva, por el fuego ardida.

ESPOSO: Escúchame una vez más, mujer... (Qué extraño, quizá ella me escuche, pero soy yo quien ya no encuentra las antiguas palabras. Duda que ya no tiene fronteras: ¿cuándo he sido yo y cuándo no lo he sido? Era yo quien la amaba, pero ¿quién es el que está siendo vengado? Aquel que en mí hasta ahora hablaba se ha callado cuando ha alcanzado sus designios. ¿Qué sucede que no reconozco la antigua cara de mi amor? Quizá ella me oiga, pero hablar ha terminado para mí).

ÁNGELES INVISIBLES: Retira las manos de tu rostro, esposo. Aquel que fuiste ya ha cesado. Al abrirse, la cortina ha revelado que eres el ínfimo, ínfimo, ínfimo engranaje de la terrible, terrible armonía.

AMANTE: Pensé que había vivido, pero era ella quien me vivía, he sido vivido.

ESPOSO: ¿Cómo reconocerte si sonríes santificada? ¿Estos brazos castos no son los brazos que engañosos me abrazaban?

¿Y estos cabellos son los mismos que yo deshacía? Parad, quien os habla es el mismo que os ha incitado. Porque veo un error y veo un crimen, una confusión monstruosa: pecó con un cuerpo e incendian otro.

SACERDOTE: Pero «Señor, sois siempre el mismo».

PRIMER GUARDIA: Todos se lamentan cuando ya es tarde para lamentarse, y disienten por disentir, cuando bien saben que han venido aquí a matar.

SEGUNDO GUARDIA: He aquí por fin llegado el momento que nos dará el sabor de la guerra.

SACERDOTE: He aquí llegado el momento en que, por la gracia del Señor, pecaré con la pecadora, arderé con la pecadora, y en los infiernos adonde con ella descenderé, por Tu nombre me salvaré.

ÁNGELES INVISIBLES: He aquí llegado el momento. Ya sentimos una dificultad de aurora. Estamos en el umbral de nuestra primera forma. Debe de ser bueno nacer.

PUEBLO: Que hable la que va a morir.

SACERDOTE: Dejadla. Temo de esta mujer que es nuestra una palabra que sea suya.

PUEBLO: Que hable la que va a morir.

AMANTE: Dejadla. No veis que está tan sola.

PUEBLO: Que hable, que hable y que hable.

ÁNGELES INVISIBLES: Que no hable…, que no hable… Ya casi no la necesitamos.

PUEBLO: Que hable, que hable y que etcétera.

SACERDOTE: Tomad su muerte como palabra.

PUEBLO: No comprendemos, no comprendemos y no comprendemos.

PRIMER Y SEGUNDO GUARDIAS: Apartaos, porque el fuego se puede extender y a través de vuestra ropa toda la ciudad arder.

PUEBLO: Este fuego ya era nuestro, y la ciudad entera arde.

PRIMER Y SEGUNDO GUARDIAS: Aquí está el primer resplandor. Viva nuestro Rey.

PUEBLO: Marcada por la Salamandra.

PRIMER Y SEGUNDO GUARDIAS: Marcada por la Salamandra…

ÁNGELES INVISIBLES: Marcada por la Salamandra…

PRIMER Y SEGUNDO GUARDIAS: Mirad la gran luz. Viva nuestro Rey.

PUEBLO: Pues entonces hurra, hurra y hurra.

ÁNGELES INVISIBLES: Ah…

SACERDOTE: Ave María, ¿hasta dónde descenderé?, «aunque nada deba censurarme, eso no basta para justificarme», «Señor, liberadme de mi necesidad», orad, orad…

ÁNGELES INVISIBLES: … estremeceos, estremeceos, una plaga de ángeles ya oscurece el horizonte…

AMANTE: Ay de mí que no soy quemado. Estoy bajo el signo del mismo destino pero mi tragedia no arderá jamás.

Ángeles que nacen: Qué bueno es nacer. Mira qué dulce tierra, qué suave y perfecta armonía… De lo que se cumple nosotros nacemos. En las esferas donde nos posábamos era fácil no vivir y ser la sombra libre de un niño. Pero en esta tierra donde hay mar y espumas, y fuego, y humo, existe una ley que está antes de la ley y que da forma a la forma. Qué fácil era ser ángel. Pero en esta noche de fuego, qué deseo furioso, perturbado y avergonzado de ser niño y niña.

Esposo: Ella pecó con un cuerpo e incendian otro. Fui herido en un alma y me han vengado en otra.

Pueblo: Qué bello color de trigo tiene la carne quemada.

Sacerdote: Pero ni su color es ya suyo. Es el de Llama. Ah, cómo arde la purificación. Por fin sufro.

Pueblo: No comprendemos, no comprendemos y tenemos hambre de carne asada.

Esposo: ¡Con mi manto todavía podría apagar el fuego de tus ropas!

Amante: Ni su muerte comprende aquel que compartió conmigo a aquella que no fue de nadie.

Sacerdote: *Cómo sufro. Pero «no resiste hasta la sangre».*

Esposo: Si con mi manto yo apagase tus ropas…

Amante: Podrías, sí. Pero comprende: ¿tendría tu manto la fuerza de esparcir por una larga vida el puro fuego de un instante?

Sacerdote: Hela ahí, la que será ceniza y polvo. Ah, «sois verdaderamente un Dios oculto».

PRIMER GUARDIA: Os lo digo: arde más deprisa que un pagano.

SACERDOTE: «El mundo pasa y su concupiscencia con él».

SEGUNDO GUARDIA: Os lo digo, es tanta la humareda que apenas veo el cuerpo.

ESPOSO: Apenas veo el cuerpo del que fui.

SACERDOTE: Alabado sea el Nombre del Señor, «Vuestra gracia me basta», «te aconsejo que para enriquecerte me compres oro probado en el fuego», ha sido dicho en el Apocalipsis, alabado sea el Nombre del Señor.

PUEBLO: Pues amén, amén y amén.

SACERDOTE: «Ella hizo sus delicias de la esclavitud de los sentidos».

ESPOSO: No pasaba de ser una mujer vulgar, vulgar, vulgar.

AMANTE: Ah, era tan dulce y vulgar. Eras tan mía y vulgar.

SACERDOTE: Yo sufro.

AMANTE: Para mí y para ella ha empezado lo que ha de ser para siempre.

LOS ÁNGELES NACIDOS: ¡Buenos días!

SACERDOTE: «Esperando que el día de la eterna claridad se yerga y que las sombras de los símbolos se disipen».

PRIMER Y SEGUNDO GUARDIAS: Todos hablan y nadie escucha.

SACERDOTE: Es una confusión melodiosa: ya oigo a los ángeles de los que mueren.

Los Ángeles Nacidos: Buenos días, buenos días y buenos días. Y ya no comprendemos, no comprendemos y no comprendemos.

Esposo: Maldita seas si crees que de mí te libraste y que de ti me libré. Bajo el peso de la atracción brutal, no saldrás de mi órbita y yo no saldré de la tuya, y con náuseas giraremos, hasta que sobrepasarás mi órbita y yo sobrepasaré la tuya, y en un odio sobrehumano seremos uno solo.

Sacerdote: La belleza de una noche sin pasión. Qué abundancia, qué consuelo. «Él hizo grandes e incomprensibles obras».

Primer y Segundo Guardias: Exactamente como en la guerra, quemando el mal no es el bien lo que queda...

Los Ángeles Nacidos: ...hemos nacido.

Pueblo: No comprendemos y no comprendemos.

Esposo: Regresaré ahora a la casa de la muerta. Porque allí está mi antigua esposa esperándome en sus collares vacíos.

Sacerdote: El silencio de una muerte sin pecado... Qué claridad, qué armonía.

Niño soñoliento: Madre, ¿qué ha pasado?

Los Ángeles Nacidos: Madre, ¿qué ha pasado?

Mujeres del Pueblo: Hijos míos, ha sido así: etcétera, etcétera y etcétera.

Personaje del Pueblo: Perdonadlos, creen en la fatalidad y por eso son fatales.

Clarice madre

En los años cincuenta, periodo en el que vivía en Washington, Clarice Lispector mantenía un cuaderno titulado «Conversaciones con P.», en el que registraba diálogos con sus hijos aún pequeños, Pedro y Paulo.

Pasajes escritos en portugués se alternan con otros, en inglés, ya que madre e hijos solían hablar los dos idiomas en casa. En una entrevista para el *Jornal do Brasil*, en 1977, Clarice afirma: «Escribí *La manzana en la oscuridad* en Washington, sentada en el sofá del salón con la máquina en el regazo, para que mis hijos no tuviesen junto a ellos a una escritora sino a una madre accesible». De hecho, a lo largo de su vida, Clarice mantendría la misma postura, produciendo gran parte de su obra entre su cotidianidad doméstica.

La intersección entre madre y escritora se hizo sentir en su obra de ficción y es interesante observar que las transcripciones hechas por Clarice en «Conversaciones con P.» no difieren en nada de pequeños diálogos con sus hijos que aparecen publicados en *Para no olvidar* y en crónicas escritas para su columna en el *Jornal do Brasil*, y que posteriormente formarían parte de *El descubrimiento del mundo*.

En «Futuro de una delicadeza», fragmento que aparece en *Para no olvidar*, Clarice anota: «Mamá, he visto un cachorro de huracán, pero tan cachorrito, tan pequeño aún, que solo hacía rodar un poco tres hojitas en una esquina…». En «Come, hijo mío», crónica del mismo libro, transcribe un diálogo con su hijo a la hora del almuerzo: «Mamá, ¿el pepino no parece irreal? (...) está lleno de dibujos iguales, es frío en la boca, hace ruido como un poco de cristal cuando se mastica. ¿No te parece que el pepino parece inventado?». Paulo Gurgel Valente, hijo de Clarice, recuerda: «Esa escena del pepino fue así: hora de ir a la escuela, once de la mañana, el niño tiene que almorzar, ponerse el uniforme, ella junto a la mesa, come, hijo mío, aquella descripción... Es la transcripción completa de las palabras».

En realidad, el uso de material personal en su producción era de tal modo habitual que, en «Vietcong», crónica publicada en el *Jornal do Brasil* el 25 de abril de 1970, registra un comentario crítico por parte de uno de sus hijos: «"¿Por qué a veces escribes sobre asuntos personales?", (...) es inevitable en una columna que se publica cada sábado acabar sin querer comentando las repercusiones en nosotros de nuestra vida diaria. (...) Mi hijo, entonces, dijo: "¿Por qué no escribes sobre el Vietcong?"».

En realidad, a través del registro de la cotidianidad con sus hijos, Clarice no solo observa «las repercusiones de su vida diaria en sí misma», sino que persigue algo que parecía ejercer una fascinación sobre ella: la relación inocente y libre que los niños parecen mantener con el lenguaje.

En el epígrafe de *Un soplo de vida* —su último trabajo, publicado póstumamente— encontramos un fragmento de la autoría de Andréa Azulay, una niña de diez años con quien Clarice mantuvo una extensa e interesante correspondencia: «El sueño es una montaña que el pensamiento tiene que escalar. No hay sueño sin pensamiento. Jugar es enseñar ideas».

Andréa —hija de un amigo muy cercano a Clarice— solía enviarle regularmente pequeños poemas escritos por ella, y Clarice no solo los comentaba, sino que contrató a un dibujante para producir cinco ejemplares caseros del primer libro escrito por la niña. Ella regaló a Andréa los ejemplares con un escrito en la contracubierta: «Soy la primera editora de Andréa Azulay y este es su primer libro. Lo escribió a los diez años. Nunca nadie le enseñó a escribir: se trata de un don».

En un estudio sobre los incontables personajes infantiles que pueblan la obra de Clarice, el filósofo José Américo Motta Pessanha observa: «Los niños surgen en su obra como una invitación a la desracionalización: un camino a la realidad viva y auténtica del hombre, una invitación al "yo" profundo (...). Porque no usan la razón discursiva, los niños miran el mundo más de cerca».

En «Conversaciones con P.» —publicado en su versión íntegra en la presente edición—, Clarice incluye anotaciones que posiblemente le hacen reflexionar sobre el comentario del escritor Pedro Bloch (reproducido por ella en una de sus crónicas): «Para captar tantas cosas maravillosas dichas por los niños solo hay que tener oídos de oír a los niños. (...) Aprendo con los niños todo lo que los sabios aún no saben».

Conversaciones con P.

29 de septiembre de 1955

P. ansioso: ¡Quiero que Paulo me espere! ¡No quiero que se vista antes que yo!

—Ya te he dicho que no tienes nada que ver con lo que Paulo haga: haz lo que tienes que hacer, tú eres tú, él es él.

—¿Quieres decir que yo hago lo que quiero?

—Sí.

—¿De la vida?

—Sí.

—¿Por qué?

—Porque todo el mundo lo hace.

—¿Los perros también?

—Sí.

Ayer, 28 de septiembre de 1955

Él paseando apresuradamente de un lado al otro, con un aire interesado y concentrado.

—¿Qué pasa, Pedro?

—Estoy pensando.

—¿En qué?

Él con cara de desprecio mezclado con orgullo y recelo de que yo no le diese importancia, por eso él mismo no quiso darle importancia.

—¡Ah, solo sueños bobos, locos!

—No, no son bobos ni locos. ¡Adoro tus sueños! Cuéntamelo.

—Oh, a veces tengo sueños tontos y extraños. A veces tengo sueños terribles.

—¿Mientras duermes?

—No, tengo sueños terribles cuando no estoy en la cama. ¡Sé resolver sueños terribles! (Con cara de orgullo). ¡Pero no tengo miedo! ¡No me importa! (Mentira; estaba negando la verdad sin que nadie se lo hubiera pedido, defendiéndose de ella).

—Cuéntame un sueño terrible.

Le costó mucho, tartamudeó, vaciló. Lo que le salió fue:

—Son sueños terribles de águilas volando cerca de mí, ¡pero no me pican! ¡No les hago caso! ¡A veces son dinosaurios! Pero yo sé que no son de verdad. ¡Los sueños no son de verdad! Pero yo consigo resolver estos sueños terribles… Y los sueños extraños también.

—Háblame de esos sueños extraños.

—Ah, ¡son tontos! —dijo riendo—. Como bebés en un nido, como pajaritos; ¡como comer hierba! ¡Como personas poniendo huevos, como los reptiles!

Pausa. Paseo.

—También tengo otros sueños. No son extraños, ni terribles. Son sueños bonitos, sueños verdaderos.

—¿Como qué?

Con dificultad, lo que le salió fue:

—Me transformo en otras cosas y paso a ser otras cosas.

Pausa. Paseo.

—Sueño que me ha cambiado la voz, que mi voz es otra, ¡que tengo una voz grave y bonita! Así: ¡felicidades, tío grande…! (Voz áspera y ronca). ¡Vete a tu habitación, tío grande…!

Otras demostraciones.

—A mí me gusta más tu voz que esta.

—Pero deja que te enseñe esta, ¡esta no es áspera! Mamá, ¡deja que te la enseñe, no voy a tardar mucho! (Cogiendo mi cara medio implorando y medio riendo). ¡Quiero alegrarte y alegrarme!

—Está bien. Tengo tiempo. ¡Enséñame!

Él probó varias voces, todas masculinas y autoritarias, todas teatrales.

De repente dijo:

—Vamos a parar de hablar de sueños. Ya basta.

Anteriormente, meses atrás, me dijo, con una cierta fascinación de descubrimiento, al oír en un disco a una mujer cantando:

—¡Mamá! ¡La voz está hecha de nada!

En otra ocasión, escuchando un disco sin ninguna voz, en el cual el violonchelo era el instrumento principal, me dijo:

—Me gusta esta música. Parece la voz de la tierra.

*

Conversación.

Cambió él solo el canal de televisión exactamente por el canal que quería:

—Mamá, ¡lo he conseguido! ¡Lo he conseguido yo solo! ¿Estás orgullosa de mí?

—Sí, lo estoy. Pero me siento orgullosa de ti de cualquier manera, incluso cuando no haces esto.

La respuesta no lo satisfizo, lo desilusionó un poco. Parecía querer que estuviese especialmente orgullosa del cambio de canal. Volvió al tema un minuto después:

—¿Estás orgullosa?

—Mucho.

—Estoy orgulloso… —Se interrumpió medio avergonzado, sonriendo con timidez.

Yo:

—¿Ibas a decir que estás orgulloso de ti mismo? Dilo, ¡está bien! Muchas veces nos sentimos orgullosos de nosotros mismos. Puedes decirlo, querido.

Y él, un poco emocionado, me respondió:

—Mamá, me gusta tu corazón.

—¿Por qué?

—Porque es dulce.

*

Por la noche me llamó desde su cama:

—Mamá, estoy triste.

—¿Por qué?

—Porque es de noche y te quiero.

(1954)

*

—Mamá, haz algo para que yo no pegue a Paulo.

—Está bien: te ordeno que no le pegues y que me obedezcas.

—¡Ah, no! ¡Así no! Haz algo para que yo no *quiera* pegar a Paulo.

(1954)

*

—¿Por qué aquel pingüino es más pequeño y más gordo que este?

—Lee lo que está escrito debajo, a lo mejor ahí está la explicación.

—Ah, no, nunca lo saben, siempre dicen que Dios lo hizo así.

*

1968	1954	
1954	1948	6 años
14	0006	

1954. Periodo durante el cual los dinosaurios eran el tema más importante y el motivo central de las pesadillas. Inventó un lugar en África llamado Chaburo Country, donde vivía un dinosaurio que tenía mis manos y mi pelo y se movía con electricidad. Se apretaba un botón y funcionaba. (Después me acordaré de otros detalles).

*

Clase de aritmética conmigo.

—Pedro, estás leyendo lo que no deberías leer: no tienes que leer las instrucciones para padres y profesores.

—¡No puedo evitarlo, mis ojos son grandes!

*

Clase de aritmética.

Él leyendo en silencio las instrucciones del pequeño problema, yo me quedé sin saber si estaba realmente leyendo o pensando en otra cosa.

—¡Pedro, lee en voz alta!

—No, porque mis ojos son mejores que mi boca.

*

—Mamá, sé cómo hacer una pelota cuadrada.

—¿Cómo?

—Escuchas una música y en tu cerebro [*brain*] (él dice *braim*) haces una pelota cuadrada.

—¿Qué música?

Impaciente, conteniendo el enfado:

—¡Cualquier-tipo-de-música!

*

A los cuatro años, andando por la calle con gran cuidado no solo para no pisar el fango, sino para estar bien lejos de él.

—¡Pedro, basta con no pisar el fango! ¿Para qué tanto cuidado?

—Para no ensuciar mi sombra.

*

Pasión por una niña vestida de rojo, que él llamó enseguida «the girl-in-the-red-dress» [la niña-del-vestido-rojo], vista rápidamente una sola vez.

—¡Quiero correr con ella por las montañas! ¡Quiero que ella sea mi cena! ¡Es tan apetitosa! Mira mi cara, ¡mira cómo me pongo cuando veo una niña!

Llamó a su padre para que la viera, pero la niña ya no estaba allí, estaba su madre. Y él, preocupado, pensando que su padre se equivocaría y pensaría que esa era la niña:

—¡No, no, papá! ¡No es esa! ¡Esa no es tan apetitosa!

De nuevo durante la cena, soñador, preocupado:

—¡Quiero comerme a la niña-del-vestido-rojo!

Pasó el fin de semana en una pura pasión, sonriendo por las esquinas, me hizo prometer que lo llevaría otra vez al *play-ground* para encontrarse con la niña. Ligero insomnio el sábado. El domingo fuimos al *play-ground*, como le había prometido, y cuando estábamos cerca se acurrucó en el suelo del coche. Yo lo había preparado para la posibilidad de que la niña no estuviera. No estaba. Puso una cara que no conseguí descifrar y nunca más, desde entonces, volvió a hablar de la niña.

*

1954. En el aeropuerto cuando íbamos de vacaciones a Río, ve a una niña y me dice furtivo, nervioso:

—¡Mira, una niña bonita!

Se puso agitadísimo y dijo:

—¡Mamá, cuando veo a una niña hasta siento el olor de mi trapo! (El retal con el que duerme desde que nació. Cuando se lavaba el retal él protestaba por la ausencia de olor. Una vez dijo: ¡mamá, el trapo huele a ti!).

*

Mirando al cielo.

—Mamá, el cielo es igual que el mar.

*

—Mamá, yo soy diferente de los otros niños.

—No, no.

—¡Sí!

—Todo el mundo es un poco diferente, y todo el mundo también es un poco igual.

—No, yo soy diferente.

—¿En qué eres diferente?

— Porque algunos niños son exactamente como ellos. ¡Yo soy así!

*

Cuando cumplió seis años, en Río. Antes no había mostrado ninguna alegría por la fiesta que se estaba preparando. Pero cuando se puso la ropa nueva, dijo muy serio:

—Estoy tan contento de que existe yo.

*

Él me vio trabajando en la máquina.

Me miró algún tiempo y preguntó de repente:

—Mamá, ¿eres una buena escritora?

*

Conversación con su padre. Estaban viendo un libro de reptiles.

—¿Qué es un reptil?

—Un sapo, una serpiente.

—Papá, ¿los científicos llaman alguna vez gato al gato?

*

Supo qué era «escribir literatura» a través de Érico.*

—Mamá, ¿cuando crezca podré ser tres cosas?

* Érico Veríssimo (1905-1975), escritor brasileño. Fue muy popular desde los años treinta y un gran amigo de Clarice Lispector. *(N. de la T.)*

—Sí. ¿Cuáles?
—Escritor, científico y cazador.

*

—¿Por qué Dios creó a los animales antes que a las personas?

*

—¿Por qué Dios quiso crearnos?

*

—Puedo inventar historias en mi cerebro.

*

—No consigo parar de pensar. Me quedo pensando, pensando, pensando, ¡no hay manera de desconectarlo!

*

—Sé una palabra nueva: caricatura.
—¿Sabes lo que quiere decir?
—Sí. Si pones un sombrero en la cabeza de un perro eso es una caricatura.
Más tarde:
—Algunas personas parecen caricaturas.
—¿Por qué?
—Porque no parecen de verdad.

*

A mí, autoritario:
—¡No quiero que escribas! ¡Eres una madre!

*

—No voy a enamorarme. Solo voy a casarme.

*

A los seis años, intrigado, sonriendo, preocupado.
—Mamá, ¿por qué me gusta ir detrás de las niñas?

*

Se quedó un rato en el sótano.
—Pedro, ¿qué hacías en el sótano?
—Soñar.

*

Día 31 de septiembre de 1955. Yo estaba leyendo en alto (pero en voz baja) una página escrita para «oír» los defectos. Pedro se acercó, me miró y dijo:
—¿Estás leyendo en alto para ver si tiene sentido?
Yo, asombrada:
—Sí, exactamente por eso.
—¿Qué quiere decir «tener sentido»? ¿Qué es sentido?

*

La idea de que él «hace de madre»; estaba contándome muy animado una historia:
—El niño estaba allí porque estaba cazando leones en África y entonces —y entonces— y entonces (con aire enfadado) y entonces llegó su madre y le dijo: es hora de ir a la cama.

*

—Mamá, tengo un oído especial. Puedo oír música en mi cerebro, y puedo oír voces también, voces que no están ahí.

*

—Mamá, tengo unos ojos especiales. Puedo ver cosas que no existen.

—Pero ¿tú sabes que no son de verdad?

—Claro que lo sé (medio ofendido, con un aire de cosa obvia).

Pausa.

—Es una cosa que viene de mi cerebro y se mezcla con mis ojos, ¡y yo puedo ver cosas! —De repente, con deslumbramiento—: Ah, y yo sé el nombre de esto, sé cómo se llama. ¡Es un sueño del ojo!

Pausa. Un poco ávidamente:

—Mamá, ¿tú también tienes sueños de ojo?

—Sí, creo que tengo.

Satisfecho:

—¡Qué bien! Los dos tenemos sueños de ojo.

Avany:*

—¿Yo también tengo?

Él, con expresión curiosa, como si solo ella lo pudiese saber:

—¿Tú tienes?

—A veces.

—Entonces —dijo él en tono categórico—, tú tienes sueños de ojo.

*

Interesadísimo en transformar Canadá en un continente. De vez en cuando hablamos de eso. Un día, de repente, con un tono de rabia, esperanza y confianza y amenaza:

—¡Tengo que transformar Canadá en un continente! ¡Cuando crezca voy a hacerlo! ¡Algún día probaré que Canadá es un continente!

Días después, un poco preocupado, emocionado:

—Cuando alguien escriba un libro sobre Canadá, ¿qué van a decir de mí?

Yo: Dímelo tú.

* Avany era la niñera de los hijos de Clarice Lispector en Washington. *(N. de la T.)*

Él: ¡No! ¡Dímelo tú!

Yo: Dímelo tú.

Él, molesto: Van a decir, Pedro es el hombre que transformó Canadá en un continente.

*

Conversación con su padre:

—¿Alaska tiene un centro?

—Sí.

—¿Canadá tiene un centro?

—Sí, todo país tiene un centro. Todo tiene un centro.

—¿Todo tiene un centro?

—Sí.

—¿Una línea tiene un centro?

*

Avany le manda guardar los juguetes y él se niega, perezoso.

Avany: Eso tiene gracia. ¡Tú juegas con los juguetes y soy yo la que tiene que recogerlos!

Pedro, con voz pausada, claramente «citando»: «Pues el hombre debe trabajar y la mujer debe llorar».

Yo, asombrada: ¿Llorar? ¿Llorar? ¿Llorar?

Él, sonriendo pomposamente: ¡Sí!

Yo: ¿Quién te ha dicho eso?

Él: Nadie. Lo he leído en la enciclopedia.

Yo: ¿Qué tipo de historia era esa?

Él: ¡No era una historia! Es poesía.

Yo: ¿Te gusta la poesía?

Él, andando de un lado a otro, y con un aire medio de orgullo, medio de desprecio y de mucha seguridad:

—¡Algunas!

—Pedro, ¿cómo explicas que los hombres deben trabajar y las mujeres deben llorar?

Él, un poco impaciente conmigo:

—Ah, mamá, ¡eso es poesía!

*

—La primera vez que viste a mi padre (corrigió y dijo) la primera vez que viste a Maury, ¿él era un desconocido para ti?
—Sí.
—Pero ¿quisiste casarte con ese desconocido?
—Sí, quise.
—¿Te casaste con quien querías?

*

Paulinho (tres años) explica cómo nació.
—En un avión ¡uuuuuuuuu! Pero yo estaba solo. Y entonces bajé hasta esta mesa de aquí. Y puse la televisión.

*

Pedro.
—¡La palabra «palabra» es ex-posible!
—¿Ex-posible?
—¡Sí! ¡Me gusta más decir ex-posible que imposible! La palabra «palabra» es ex-posible porque significa palabra.

Clarice columnista femenina

En 1952 Clarice Lispector fue invitada por Rubem Braga para firmar una página femenina en *O Comício* —tabloide que sería uno de los precursores de la prensa alternativa—, fundado por él, por Joel Silveira y por Rafael Corrêa de Oliveira. El periódico tuvo una corta duración —cuatro meses—, pero contó con un equipo de colaboradores de primera línea: Millôr Fernandes, Paulo Mendes Campos, Fernando Sabino, Sérgio Porto, Antônio Maria, Tiago de Mello, Hélio Pellegrino, Lúcio Rangel, Otto Lara Resende, además del propio Rubem y de Joel Silveira.

Después de seis años en Europa, Clarice volvía a vivir en Brasil —entre junio de 1949 y septiembre de 1952— ya que su marido había sido trasladado a Río de Janeiro, donde asumiría un nuevo cargo en Itamaraty. El retorno permitió a Clarice estrechar los lazos con amigos que había conocido solo de paso, como Sabino, Otto, Paulo y Rubem. De esa relación renovada surgió la invitación para colaborar en *O Comício*, que Clarice aceptó rápidamente, pidiendo solo poder usar un seudónimo. En realidad temía ver dañada su imagen de novelista y, de esta forma, nació «Teresa Quadros», el 15 de mayo de 1952. Empezaba allí su trayectoria en las páginas femeninas, un espacio creado por los periódicos brasileños en el siglo XIX.

Movilizada por la cuestión de la emancipación de la mujer desde sus tiempos en la facultad, Clarice subvirtió en cierta manera el formato de una «página femenina paradigmática», llena solo de consejos de moda, cocina, salud y temas domésticos. En la columna firmada por Teresa Quadros, el eco de las palabras de escritoras como Simone de Beauvoir y Virginia Woolf se hizo sentir, incitando a cambios en el comportamiento de sus lectoras.

Al principio de la década de 1960, cuando ya vivía definitivamente en Río después de separarse de Maury Gurgel Valente, Clarice volvió a redactar una página para mujeres, esta vez como «negro» de la actriz y modelo Ilka Soares en la columna «Nuestra conversación», en el *Diário da Noite*. Naturalmente las rentas de los derechos de autor de sus libros no eran suficientes para cerrar las cuentas a fin de mes y —como gran parte de los escritores brasileños— Clarice necesitaba ejercer otras actividades como forma de sustento. La columna «Nuestra conversación» pertenecía a lo que el editor Alberto Dines llamaba la parte «no noticiosa del periódico» y se caracterizaba por la presencia de nombres conocidos para atraer al público. Ilka Soares solía recoger el material necesario y asistir a desfiles de moda, proporcionando después las informaciones a Clarice, que se encargaba de la redacción de la columna.

Paralelamente al trabajo en el *Diário da Noite*, Clarice colaboró también en el *Correio da Manhã*, donde —ahora bajo el seudónimo de Helen Palmer— firmó la columna «Correo femenino — Feria de utilidades».

«La hermana de Shakespeare» —seleccionada para esta edición— fue publicada en *O Comício* el 22 de mayo de 1952. El mismo texto, rebautizado como «La violencia de un corazón», reapareció con pequeñas alteraciones en el periódico *Última Hora*, el 30 de noviembre de 1977, esta vez firmado como Clarice Lispector.

«La hermana de Shakespeare» alude al ensayo de Virginia Woolf —*A room of one's own (Una habitación propia)*—, resultado de las notas de dos conferencias en el Giron College en octubre de 1928, donde abordaba el sometimiento intelectual de las mujeres y los obstáculos a los que se enfrentaban para desarrollarse intelectualmente. *A room of one's own* se convirtió, décadas después, en una importante referencia para el debate sobre lo femenino en literatura.

La hermana de Shakespeare

Una escritora inglesa —Virginia Woolf—, queriendo probar que ninguna mujer, en la época de Shakespeare, podría haber escrito las obras de Shakespeare, inventó para él una hermana llamada Judith. Judith tendría el mismo genio que su hermano William, la misma vocación. En realidad sería otro Shakespeare, solo que, por gentil fatalidad de la naturaleza, llevaría faldas.

Antes, en pocas palabras, Virginia Woolf describió la vida del propio Shakespeare: había asistido a escuelas, había estudiado en latín a Ovidio, Virgilio, Horacio, y además todas las otras bases de la cultura; de niño había cazado conejos, deambulado por los alrededores, observado bien lo que quería observar, almacenando infancia; ya muchacho, se vio obligado a casarse a toda prisa; esa ligera liviandad le dio ganas de escapar y ahí se fue, camino de Londres, en busca de fortuna. Como está probado, le gustaba el teatro. Empezó por colocarse como vigilante de caballos en la puerta de un teatro, después se metió entre los actores, consiguió ser uno de ellos, frecuentó el mundo, afiló sus palabras en contacto con las calles y el pueblo, tuvo acceso al palacio de la reina, acabó siendo Shakespeare.

¿Y Judith? Bueno, Judith no iría a la escuela. Y nadie lee latín sin saber al menos las declinaciones. A veces, como tenía tantos deseos de aprender, cogía los libros de su hermano. Sus padres intervenían: le mandaban zurcir medias o vigilar el asado. No por maldad: la adoraban y querían que fuese una verdadera mujer. Llegó el momento de casarse. Ella no quería, soñaba con otros mundos. Su padre le pegó, vio las lágrimas de su madre. Luchando contra todo, pero con el mismo ímpetu que su hermano,ató su fardel y huyó a Londres. A Judith también le gustaba el teatro. Paró a la puerta de uno, dijo que quería trabajar con los artistas; hubo una carcajada general, todos imaginaron otra cosa. ¿Cómo podría conseguir comida? No podía seguir andando por las calles. Alguien, un hombre, sintió pena de ella. Poco después esperaba un hijo. Hasta que una noche de invierno se mató. «¿Quién», dice Virginia Woolf, «podrá calcular el calor y la violencia de un corazón de poeta cuando está preso en el cuerpo de una mujer?».

Y así acaba la historia que no existió.

Clarice ensayista

En 1963, Clarice Lispector fue invitada a pronunciar una conferencia sobre las vanguardias en la literatura brasileña en el XI Congreso Bienal del Instituto Internacional de Literatura Iberoamericana, celebrado del 29 al 31 de agosto en la Universidad de Texas.

Una reorientación de la política exterior norteamericana hacia América Latina —ocasionada por la Revolución cubana, en 1959— despertó el interés de los americanos por la literatura brasileña, favoreciendo la creación de centros de posgrado en estudios latinoamericanos y la formación de brasileñistas. En la década de los sesenta, la Universidad de Texas era uno de los principales centros de estudio de la cultura brasileña en Estados Unidos.

Clarice Lispector empezaba a ser conocida en el exterior, y, aunque solo tres de sus cuentos se habían traducido al inglés, *Cerca del corazón salvaje*, su primera novela, ya se había traducido al francés.

El congreso en la Universidad de Texas estaba compuesto por ocho conferencias seguidas de debates, y Clarice era la única mujer del grupo. En su conferencia debería ofrecer al público una apreciación crítica sobre su propia obra y sobre la de sus compatriotas. Ella aceptó el desafío a su manera, explicitando muchas de las posiciones que defendería a lo largo de su vida: la de que no era una profesional y solo escribía cuando le apetecía; la de que jamás había enfocado la literatura como una abstracción intelectual, o la de que no se consideraba ni siquiera inteligente y sí poseedora de una «sensibilidad inteligente».

Entre sus oyentes estaba Gregory Rabassa, uno de los más eminentes traductores de importantes novelas del boom latinoamericano, como *Cien años de soledad*, de Gabriel García Márquez, y *Rayuela*, de Julio Cortázar, que se convirtió en el autor de la primera traducción de Clarice al inglés, *La manzana en la oscuridad*, en 1967. Años más tarde comentaría el impacto de su primer encuentro con ella en la Universidad de Texas: «Me quedé pasmado al conocer a aquella persona rara que se parecía a Marlene Dietrich y escribía como Virginia Woolf». Impresión de algún modo corroborada por la prensa norteamericana, que señaló: «La señora Lispector es una pelirroja impresionante, dotada del carisma de una estrella de cine, capaz de iluminar toda habitación en la que se encuentre».

En Brasil la repercusión de la conferencia de Clarice también se dejó sentir y el profesor José Guilherme Merquior se puso en contacto con ella con la propuesta de publicar su texto en una revista. Pero Clarice, que haría de este su «texto oficial», llevándolo adonde quiera que fuera invitada como conferenciante, declinó, argumentando: «Como puede imaginar no le voy a dar mi gallina de los huevos de oro». Clarice sabía que, una vez publicado, su texto perdería su condición de novedad inédita y se vería obligada a escribir otro. Así pudo leer la misma conferencia en Vitória, Belo Horizonte, Campos, Belém do Pará y, finalmente, Brasilia, el 2 de junio de 1974, donde declaró que no pensaba continuar haciéndolo: «Un tanto por timidez, un tanto por nerviosismo».

Veinte años antes, en el congreso de Texas, había declarado a un periódico norteamericano: «Nuestro país, Brasil, es un país demasiado grande. No nos conocemos a nosotros mismos. Y usamos la literatura como un medio más profundo de autoconocimiento». De hecho, en su conferencia, Clarice Lispector, como haría durante toda su vida, relaciona texto y experiencia personal, afirmando que, al pensar su lengua, el hombre está esencialmente pensando sobre sí mismo.

Literatura de vanguardia en Brasil

Señoras y señores, amigos míos:

Bueno, debo empezar por decirles que no soy francesa, esta erre mía es un defecto de dicción: simplemente tengo frenillo en la lengua. Una vez aclarada mi brasileñidad intentaré empezar a hablar con ustedes.

Con humildad voy a hablar, de manera superficial, sobre lo que pienso de la literatura de vanguardia en el Brasil, porque no soy un crítico literario. Acabo de llegar de un congreso de críticos y me da vergüenza hablar de literatura.

La invitación que se me hizo para dar una conferencia me hizo sentir muy honrada pero al mismo tiempo estuve a punto de no aceptarla. Una invitación como esta corresponde más a un crítico que a un novelista. O por lo menos a un tipo de novelista que no es el mío. No todas las personas que escriben están necesariamente al corriente de las teorías sobre la literatura y no todos tienen buena formación cultural: es mi caso. No siempre el novelista está a la altura de hablar sobre novela o es capaz de una objetividad de la que resultaría una visión panorámica de lo que se hace en los diversos sectores de la literatura, o sabe establecer sus relaciones con las otras artes para poder dar la idea de un todo orgánico, cuyas raíces son diversas y no siempre visibles de inmediato. Y, otra vez, este es mi caso. Además del hecho de que no tengo tendencia a la erudición ni al paciente trabajo del análisis literario y de la observación científica, sucede que, por circunstancias internas y externas, no puedo decir que haya seguido de cerca la efervescencia de los movimientos que surgieron y de las experiencias que se intentaron, en Brasil y fuera de Brasil. Nunca he tenido, en definitiva, lo que se llama verdaderamente vida intelectual. Incluso para escribir uso mi intuición más que mi inteligencia. Peor todavía: aunque no tuviera esa vida intelectual, por lo menos podría haber tenido la costumbre o el gusto de pensar sobre el fenómeno literario. Pero tampoco esto forma parte de mi camino. A pesar de escribir desde que me conozco —yo ya escribía cuando tenía siete años—, a pesar de ello, desgraciadamente me faltó encarar también la literatura de fuera hacia dentro, es decir, como una abstracción. La literatura es para mí la manera como los otros llaman a lo que nosotros, los escritores, hacemos. Y pensar ahora en términos de literatura en lo que hacemos y vivimos ha sido para mí una experiencia nueva. Al principio me pareció desagradable: sería, por así decirlo, como hablar de uno mismo con su propio nombre, Antonio o María. Después, la experiencia se reveló menos mala: llamarse a sí mismo por el nombre que los otros nos dan suena como una llamada a filas. Y, desde el momento en que yo misma me llamé, me sentí encantada e inesperadamente alistada. Alistada, sí, pero bastante confusa.

No he podido dejar de utilizar esta oportunidad de escribir este breve y superficial relato para tener una experiencia personal que me faltaba, además de muchas otras. Espero que esto no perjudique la conferencia propiamente dicha. Nada impide, supongo, que este pequeño intento de exposición me dé provecho y gusto: por lo menos alguien se beneficiará. Quizá lo que estoy haciendo en esta conferencia sea lo que se llama «abrir una puerta abierta». Solo que para mí estaba cerrada.

En esta nueva experiencia al principio tuve que pensar —por primera vez con atención— en la palabra «vanguardia». Y, para aclararme yo misma y por una cuestión de autohonestidad, necesité también intentar la configuración de lo que para mí significaba una vanguardia literaria. Vanguardia sería, también para mí, claro, experimentación. Ya he explicado cómo me sentí alistada, explicaré ahora cómo me sentí confusa. Lo que me confundió un poco sobre la vanguardia como experimentación es que todo arte verdadero es también una experimentación, y, lamento contrariar a muchos, toda verdadera vida es experimentación, nadie escapa a eso. ¿Por qué entonces una experimentación era vanguardia y la otra no? ¿Vanguardia sería lo que revolucionase los valores formales e intentase, por así decirlo, lo opuesto de lo que se estuviera haciendo formalmente en ese momento? Era demasiado simplista, además de tan superficial como las modas. ¿Tal vez la vanguardia sería para mí la forma usada como un nuevo elemento estético? Pero la expresión «elemento estético» no es muy de mi agrado. ¿O vanguardia sería la nueva forma, usada para hacer estallar la visión estratificada y forzar, con esa explosión, la visión de una realidad diferente, o, en suma, de la realidad? Eso ya estaba mejor. Cualquier verdadera experimentación llevaría a un mayor autoconocimiento, y eso significaría: conocimiento. Vanguardia sería, pues, en último término, un instrumento de conocimiento, un instrumento avanzado de investigación. Ese modo de experimentación partiría de renovaciones formales que llevarían a reexaminar conceptos, incluso conceptos no formulados. Pero ¿podría también partir de la conciencia, incluso no formulada, de conceptos nuevos, y revestirse incluso de una forma clásica, aunque eso ya contradijese el concepto de vanguardia en un sentido estricto y tal como es generalmente definido? Mário de Andrade ya hablaba, como premisa de la generación de 1922, del «derecho permanente de investigación estética». La generación de 1922 fue la más obstinadamente vanguardista de la literatura brasileña moderna.

Entonces comprendí que mi dificultad en ese tema era mucho más honda. Yo estaba tratando un asunto que es afín a dos palabras cuyo significado nunca ha tenido mucho sentido para mí: me refiero a la expresión «fondo y forma». Son palabras usadas en contraposición o en yuxtaposición, no importa, pero siempre de una manera que las divide. Y esa expresión «forma-fondo» siempre me ha desagradado vitalmente, tanto como me incomoda la división «cuerpo-alma», «materia-energía», etcétera. Sin haberme parado nunca a reflexionar mucho sobre el tema, me repelía casi instintivamente esa forma de, por ejemplo, cortar verticalmente un cabello y deducir de ahí que el cabello se compone de dos mitades. Pero un cabello no tiene mitades, a menos que se creen, como la división «fondo-forma», como hipótesis de trabajo, como instrumento de estudio. Si yo también usase ese instrumento, ¿vanguardia sería entonces innovación formal? Pero ¿«innovación formal» podría entonces implicar en el contenido un fondo antiguo? Pero ¿qué contenido sería ese que no podría existir sin la llamada forma? ¿Qué cabello sería ese que existiría anteriormente al propio cabello? ¿Qué existencia es anterior a la propia existencia? Al verme tan confusa me propuse, para facilitarme el trabajo y también como una hipótesis para avanzar, que para mí la palabra «tema» sería la que sustituiría la unidad indivisible que es fondo-forma. Un «tema» sí puede preexistir y de él se puede hablar antes, durante y después de la cosa propiamente dicha; pero fondo-forma es la cosa propiamente dicha, y del fondo-forma solo se sabe al leer, ver, oír, experimentar. Yo me propuse: tema, y la cosa escrita; tema, y la cosa pintada; tema, y la música; tema, y vivir. Solo entonces conseguí entenderme más, y sobre todo entender mejor la manera como veía el caso brasileño; tuve que dejar de lado la palabra vanguardia en su sentido europeo. Pensé, por ejemplo, si nuestro movimiento de 1922, el llamado movimiento vanguardista, sería considerado vanguardia por otros países, incluso en 1922. En ese movimiento la experimentación, característica de la vanguardia, ¿sería reconocida como tal por otras literaturas? El movimiento de 1922 fue un movimiento de profunda liberación, liberación significa sobre todo una nueva manera de ver, liberación es siempre vanguardia, y también en esa de 1922 los que estaban en primera línea se sacrificaron. Pero liberación es a veces un avance solo para quien se está liberando y puede no tener valor de moneda corriente para otros. Para nosotros 1922 significó vanguardia independientemente de cualquier valor universal. Fue un movimiento de posesión: un movimiento de apropiación de nuestra manera de ser, de una de nuestras maneras de ser, el movimiento más urgente en aquella época, tal vez.

Voy a leer a Mário de Andrade:

ODA AL BURGUÉS

¡Yo insulto al burgués! ¡Al burgués-níquel,
al burgués-burgués!
¡La digestión bien hecha de São Paulo!
¡Al hombre-curva! ¡Al hombre-nalgas!
¡Al hombre que siendo francés, brasileño, italiano,
es siempre un cauteloso poco-a-poco!

¡Yo insulto a las aristocracias cautelosas!
¡A los barones forajidos! ¡A los condes Juanes, a los duques
        rebuzno!,
¡que viven dentro de muros sin saltos;
y gimen sangre de unos cuantos céntimos débiles
para decir que las hijas de la señora hablan francés
y tocan el «Printemps» con los codos!
¡Yo insulto al burgués-funesto!
¡A la indigesta fabada con tocino, señora de las tradiciones!
¡Fuera a los que numeran las mañanas!
¡Mira la vida de nuestros septiembres!
¿Hará Sol? ¿Lloverá? ¡Una arlequinada!
Pero a la lluvia de los rosales,
el éxtasis la hará siempre Sol.

¡Muerte a la grasa!
¡Muerte a las adiposidades cerebrales!
¡Muerte al burgués-mensual!
¡Al burgués-cine! ¡Al burgués-tilburí!
¡Panadería Suiza! ¡Muerte viva al Adriano!
«Ay, hija, ¿qué te regalaré para tu cumpleaños?
—Un collar... —¡¡¡Mil quinientos!!!
¡Pero nosotros morimos de hambre!».

¡Come! ¡Cómete a ti mismo, oh, gelatina pasmada!
¡Oh! ¡Puré de patatas morales!
¡Oh! ¡Pelos en el hocico!
¡Odio a los temperamentos regulares!

¡Odio a los relojes viriles! ¡Muerte e infamia!
¡Odio a las sumas! ¡Odio a los ultramarinos!
¡Odio a sus desfallecimientos y arrepentimientos,
sempiternamente los mismos convencionalismos!
¡Con las manos atrás! ¡Marco yo el compás! ¡Ea!
¡De dos en dos! ¡Posición primera! ¡Marcha!
¡Todos a la Central de mi rencor embriagante!

¡Odio e insulto! ¡Odio y rabia! ¡Odio y más odio!
¡Muerte al burgués de rodillas,
que huele a religión y que no cree en Dios!
¡Odio rojo! ¡Odio fecundo! ¡Odio cíclico!
¡Odio fundamento, sin perdón!

¡Fuera! ¡Fuu! Fuera el buen burgués…

En Drummond se produce un divorcio aún más flagrante de lo declamatorio. Drummond es la palabra desnuda, cubierta solo por una capa tenue, la de la contención de la desnudez. Drummond no se permite el éxtasis, ni siquiera el del sufrimiento, y en esa autoprivación él nos duele aún más. Pero con eso no hemos dicho nada sobre Drummond, ni por qué nos guio tanto. Por mi incapacidad de análisis no intentaré analizarlo. Esta incapacidad mía me da una gran alegría personal: por no poder analizarlo me quedo con él en su totalidad.

POEMA DE SIETE CARAS (fragmento)
Carlos Drummond de Andrade

LEER

El hombre detrás del bigote
es serio, simple y fuerte.
Casi no habla.
Tiene pocos, escasos amigos
el hombre detrás de las gafas y del bigote.

¿Qué será lo que hace que ciertas caras sean inequívocamente la cara verdadera de un hombre y no solo una cara? Sea lo que sea, la mirada lo ve y reconoce lo inequívoco. Al leer a Drummond —no un poema, sino siguiendo su obra— se sigue la profunda respiración de un hombre. Él es un guía, sin que sepa decir en qué y esto es la vanguardia para mí. Si su lenguaje es de vanguardia no lo sé, es una cuestión de semántica. El camino que recorre de sus primeros libros a *Rosa del pueblo* muestra el paso de un tipo de poesía más individualista a la que busca al «otro». (Cito):

> *¿Cómo huir del mínimo objeto*
> *o negarse al grande? Los temas pasan,*
> *yo sé que pasarán, pero tú resistes,*
> *y creces como el fuego, como la casa,*
> *como rocío entre dedos*
> *en la grama, que reposan.*
> *Ahora ya te sigo a todas partes*
> *y te deseo y te pierdo, estoy completo,*
> *me destino, me hago tan sublime,*
> *tan natural y lleno de secretos,*
> *tan firme, tan fiel... Como una cuchilla,*
> *el pueblo, mi poema, te atraviesa.*

Están los que prefieren al primer Drummond, otros dan más importancia a su poesía llamada colectiva. Lo cierto es que con libertad genial él continuó su camino, y a ese enternecimiento social le siguió una poesía que es también una reflexión profundamente vivida sobre el dolor de estar en el mundo.

La vanguardia de 1922 continuó fructificando. Por ejemplo, cito al novelista Adonias Filho, a los cuentistas Dalton Trevisan, Murilo Rubião, Alberto Dines, Rubem Fonseca, Marina Colasanti, Sérgio Sant'Anna, Luiz Vilela, Moura Fontes. Destaco también entre la vanguardia la novelista y cuentista Nélida Piñon, con su estilo a veces hasta áspero y agreste, como una fruta un poco verde y astringente, de tan incisiva como es su manera de escribir, aunque sea también capaz de usar palabras dulces, maduras y voluptuosas. Nélida ya tiene discípulos, cautivados por su gran lucidez. Se trata de una narrativa hecha por una profesional, en el buen sentido de la palabra.

Y está la gran poesía espléndida, seca y contundente de João Cabral de Melo Neto. Suyo es el siguiente fragmento:

PSICOLOGÍA DE LA COMPOSICIÓN (fragmento)

Salgo de mi poema
como quien se lava las manos.
Algunas conchas se han girado,
las que el sol de la atención
cristalizó; alguna palabra
que abrí, como a un pájaro.

Tal vez alguna concha
de esas (o pájaro) recuerde,
cóncavo, el cuerpo del gesto
extinto, que el aire ya ha llenado,
         tal vez; como la camisa vacía, que me quité.

Otro:

V

Vivo con ciertas palabras,
abejas domésticas.

Del día abierto
(blanca sombrilla)
esos lívidos husos retiran
el hilo de miel
(del día que se ha abierto
también como una flor)
que en la noche

*(pozo donde
ha caído la aérea flor)
persistirá, rubio
sabor, y ácido,
contra el azúcar podrido.*

VI

*No la forma encontrada
            como una concha, perdida
en los débiles arenales
como cabellos;
no la forma obtenida
en lance santo o raro
tiro a las poleas de vidrio,
de lo invisible.*

Que ya hayamos sobrepasado 1922 lo reafirma todavía más como movimiento de vanguardia: fue tan absorbido e incorporado que se superó, y esto es una característica de la vanguardia, y, si nos referimos a 1922 históricamente, en realidad aún somos su resultado. El mismo Mário de Andrade, si aún viviese, se habría incorporado a sí mismo, es más, habría incorporado lo mejor de su sana rebelión y sería hoy un clásico de sí mismo. El futuro de un hombre de vanguardia es no ser leído mañana por los que más exactamente se parecen a él: los más aptos para entender exactamente su necesidad de búsqueda estarán mañana demasiado ocupados con nuevos movimientos de búsqueda. Pensando en varios hombres de nuestra vanguardia, se me ocurrió sin ninguna melancolía que será entonces, exactamente, cuando el escritor de vanguardia habrá alcanzado su máximo fin: se habrá dado tanto y habrá sido tan bien usado que mañana desaparecerá. He dicho mañana. Pero pasado mañana —pasada la vanguardia, pasado el necesario silencio—, pasado mañana se levantará de nuevo. Y está claro que Mário de Andrade no ha desaparecido: 1922 no fue ayer, fue anteayer.

Continuando en la misma línea —la de que la vanguardia no puede ser entendida de la misma manera en todos los países—, creo que la narrativa de Graciliano Ramos, con su lenguaje límpido, puro, cuidado y ya clásico, y al mismo tiempo un José Lins do Rego, con lo que se ha llamado su lenguaje descuidado, han sido, por ejemplo, vanguardia para nosotros. Y eso porque en ambos estaba el descubrimiento de la realidad del Noreste, que no existía antes en nuestra literatura. No estoy diciendo que se descubrió un «tema», sino mucho más que esto: hubo un fondo-forma indivisible, el fondo-forma es una forma de asir y se asió una forma de ser. El ciclo del Noreste significó usar un lenguaje brasileño en una realidad brasileña. Eso era aún el resultado de 1922. En 1922 el abrasileñamiento y la conquista de nuestra propia manera se parece a lo que sucedió en la literatura de los Estados Unidos: fue usar un lenguaje americano y no el inglés lo que llevó a una nueva manera de ver la realidad americana y a apoderarse de ella, como solo un fondo-forma se apodera. Para mí la vanguardia sería, pues, un nuevo punto de vista, aunque a veces lleve solo a ampliar un milímetro la visión. La nueva manera de ver lleva fatalmente a un cambio formal —y ahora estoy, para aclararlo mejor, usando la dicotomía de fondo y forma—. Y, utilizando todavía esta división: la vanguardia de la forma modifica el concepto de las cosas, pero hay otro modo de vanguardia, que es una manera de ver que va transformando lenta y necesariamente la forma. Por ejemplo, muchos jóvenes escritores nuestros se preocupan por la política. Pero la política para nosotros tiene un sentido diferente tal vez de la política en otros países. Para nosotros la política es principalmente una de las maneras de entender nuestras cosas en lo que tienen de peculiarmente brasileñas y en lo que representan necesidades profundas nuestras, incluso las estéticas. La rabia de muchos de nuestros *angry-man* se manifiesta en revuelta social: es adonde dirigen la desesperación. Como casi todas las revueltas, esta es saludable. Pero ¿qué tendría eso que ver con la vanguardia literaria, si su literatura no siempre es de vanguardia? Es que viven una atmósfera de línea de frente, donde se esbozan nuevas maneras. Porque de una manera general —y ahora sin hablar solo de politización— la atmósfera es de vanguardia, nuestro crecimiento íntimo está forzando las compuertas y reventará las formas inútiles de ser o de escribir. Estoy llamando a nuestro progresivo autoconocimiento vanguardia. Estoy llamando vanguardia a prensar nuestra lengua.

Nuestra lengua todavía no ha sido profundamente trabajada por el pensamiento. «Pensar» la lengua portuguesa del Brasil significa pensar sociológicamente, psicológicamente, filosóficamente, lingüísticamente sobre nosotros mismos. Los resultados son y serán lo que se llama lenguaje literario, es decir, lenguaje que refleja y dice, con palabras que instantáneamente aluden a cosas que vivimos; en un lenguaje real, en un lenguaje que es fondo-forma, la palabra en realidad es un ideograma. Es maravillosamente difícil escribir en una lengua que aún hierve; que necesita más del presente que de una tradición; en una lengua que para ser trabajada exige que el escritor se trabaje a sí mismo como persona. Cada sintaxis nueva es así un reflejo indirecto de nuevas relaciones, de una mayor profundización en nosotros mismos, de una conciencia más nítida del mundo y de nuestro mundo. Cada sintaxis nueva abre entonces pequeñas nuevas libertades. No las libertades arbitrarias de quien pretende «variar», sino una libertad más verdadera, y esta consiste en descubrir que se es libre. Esto no es fácil: descubrir que se es libre es una violencia creativa. En ella se hieren escritor y lenguaje, porque cualquier profundización es penosa; se hieren, pero reaccionan vivos. Muchas palabras nuestras, para ser traducidas, necesitarían dos o tres palabras extranjeras que explicasen su sentido vivo; muchas frases nuestras, para ser traducidas, exigen que se entienda también la entrelínea. Todo esto significa para mí una vanguardia. El lenguaje está descubriendo nuestro pensamiento, y nuestro pensamiento está formando una lengua a la que se llama literaria y a la que yo llamo, para mayor alegría mía, lenguaje de vida. Quien escribe en el Brasil de hoy está construyendo una casa, ladrillo a ladrillo, y este es un destino humano humilde y emocionante. Yo no sabría decir, por ejemplo, si Guimarães Rosa puede ser considerado estrictamente de vanguardia o si, como dicen varios, representa más propiamente lo que se llama renovación de la novela. Para mí, él es vanguardia. Porque ha creado un lenguaje que es subyacente al nuestro, algunas veces como si fuese un sustrato de nuestra lengua, y que, por eso mismo, en su aparente extrañeza, reconocemos como algo que toca nuestra mayor intimidad. Él es vanguardista porque se adelantó y precipitó nuestra conciencia de una verdad que no es solo lingüística sino de la persona brasileña. Somos, por ahora, falsos cosmopolitas, y el interior del Brasil, revelado por Guimarães Rosa, está en cada uno de nosotros, y tan bien revelado que alcanza la altura de una invención. Descubrir es inventar, ver es inventar. La parte formal de Guimarães Rosa me interesa sobre todo por esto. Tenemos hambre de saber de nosotros, y gran urgencia, porque necesitamos de nosotros mismos más que de los otros.

Está claro que cuando hablo de poseer nuestra realidad, no estoy ni siquiera cerca de la palabra «patriotismo», por lo menos en la concepción usual del término. No se trata, en esa mayor pertenencia a nosotros mismos, de enaltecer cualidades, de ufanarse de ellas, ni siquiera de buscar cualidades. Nuestra evidente tendencia nacionalista no viene de ninguna voluntad de aislamiento: es un movimiento sobre todo de autoconocimiento, legítimo porque cualquier movimiento artístico es siempre un movimiento de conocimiento, no importa si de consecuencias nacionales o internacionales. «Nuestras vegas tienen más flores» —y este es un verso de la *Canción del exilio*, el poema más conocido de Gonçalves Dias, figura importante del movimiento romántico brasileño— ha dado lugar a una búsqueda mucho más seria de constataciones, a una búsqueda mucho más bella de nosotros mismos porque está hecha con esfuerzo, rechazo, dolor, asombro y alegría, la alegría de la visión.

Somos mucho más realistas ahora, en el sentido de que somos mucho más artistas. Hoy diríamos: nuestras vegas tienen flores. Quien escribe y quien vive sabe que esto no es fácil ni simple. Hoy nosotros incluso sufrimos nuestras flores. Todo esto para mí es vanguardia o, mucho más, es atmósfera de vanguardia, porque así es como llamo a nuestro crecimiento y así llamo a nuestra maduración.

Así pues, como consecuencia de esa vanguardia general, recibimos con el corazón abierto la aparente sequedad de Carlos Drummond de Andrade. Y este hombre, estoy segura, conmovería a cualquier persona que quiera crecer, en cualquier lugar donde esa persona viva. He hablado de aparente sequedad, y de cómo la recibimos tan hondamente como se recibe una flecha seca y pura. Es un indicio más de que hace mucho que hemos sobrepasado la fase declamatoria y la manera solo deslumbrada de tomar contacto con nuestra vida. Pero los excesos de 1922, en este sentido, fueron absolutamente necesarios para romper el pudor literario del amor a nosotros mismos, amor que hoy es sobre todo visión y exigencia. El abrasileñamiento ostensivo y valiente de Mário de Andrade en *Macunaíma*, en sus cuentos, y, en menor medida, en sus poemas, por lo que se refiere al lenguaje, ha dado lugar a la intimidad familiar que Manuel Bandeira tuvo con una forma que ya teníamos y que no usábamos en literatura, una ternura irónica por el sentimentalismo, pero afortunadamente sin dejar de disfrutar de él del todo. «Sentimentalismo», además, es una manera nuestra que no es totalmente traducible por la palabra extranjera equivalente. Una de las maneras de entender esta palabra es leer directamente a Manuel Bandeira.

EL ÁNGEL DE LA GUARDA
Manuel Bandeira

Cuando mi hermana murió,
(Tenía que haber sido así)
                    Un ángel moreno, violento y bueno,
—brasileño

Vino a quedarse a mi lado
Mi ángel de la guarda sonrió
Y volvió junto al señor.

En cuanto a la crisis del arte, existe como siempre de una manera general: falta de creatividad, falta de verdadera originalidad. Se intenta sustituir la originalidad por, entre comillas, «novedades», «modernismos», como si fuesen lo mismo. Y existen algunos jóvenes escritores demasiado intelectualizados. Me parece que ellos no se inspiran en la, digamos, «cosa en sí», sino en la literatura ajena, en la «cosa ya literaturizada». No van directamente a la fuente, siguen el resultado ya alcanzado por otros escritores. Una literaturización de la literatura, por decirlo así. El producto es entonces falso y pretencioso. José Guilherme Merquior habla de las obras de varios poetas que ya hacen vanguardia antes incluso de saber gramática y expresan la desesperación del mundo sin tener ni desesperación ni mundo.

Creo que existe también una vanguardia forzada, es decir, el autor decide ser «original» y vanguardista. Eso para mí no vale. Solo me alegra la originalidad que viene de dentro afuera y no lo contrario. Solo la verdadera vanguardia hace que los vanguardistas puedan ser llamados contemporáneos del día siguiente.

Pero están los que tocan con delicadeza la belleza y la verdad. Como, por ejemplo, la poesía de Marly de Oliveira. Voy a leer un fragmento de su poesía que no tiene modernismos. Voy a leer un fragmento de un poema suyo:

Como un ramo brillante de violetas
inquietas y azuladas, soles de otoño
que el paisaje sin intención volcaba
*   sobre el momento y el vino de los asombros*
y sobre las hierbas húmedas que la lluvia
arrojaba a mis ojos como sueños,
o como un sueño agorero y raro,
me curvé sobre mí y nos amamos:
yo y la distancia sobria que separa
dentro del mismo amor, el sol de otoño,
y da médula al paisaje, y fibra y plata,
cuando la memoria son silencios largos,
disfrazando bajo formas siempre vagas
los rigores de un lúcido abandono.

Es bello.

En cuanto al hecho de que yo escriba, digo —por si interesa a alguien— que estoy desilusionada. Es que escribir no me ha dado lo que yo quería, es decir, paz. Mi literatura, sin ser de ninguna manera una catarsis que me haría bien, no me sirve como medio de liberación. Tal vez de ahora en adelante no escribiré más y solo profundizaré en la vida. O tal vez esa profundización en la vida me lleve de nuevo a escribir. No lo sé. Lo que me relaja, por increíble que parezca, es pintar, y no ser pintora de ninguna manera, y sin aprender ninguna técnica. Pinto tan mal que da gusto, y no muestro mis, entre comillas, «cuadros» a nadie. Es relajante y al mismo tiempo excitante mezclar colores y formas, sin compromiso con nada. Es la cosa más pura que hago.

Hay un escritor de renombre, pero no diré quién es, que escribió lo siguiente: «La literatura ha muerto. Dostoievski hoy sería un buen periodista». Me sorprendió. Como estuve en un congreso de escritores y críticos, en Brasilia, pregunté a varios escritores qué pensaban de eso. Por ejemplo, pregunté al profesor Benedito Nunes si la literatura ha muerto. Él respondió: «Lo importante, creo yo, no es que Dostoievski se convierta en un periodista. Los periodistas sí que ya no pueden hoy en día transformarse en Dostoievski. Quiero decir con esto que una cierta literatura ha acabado. No obstante, creo en la literatura, porque credo quia absurdum». No sé si he dicho bien la frase en latín. Hice la misma pregunta a Mário Chamie. Respondió: «Esa persona, con esa imagen de muerte, ¿no querría decir que sería el literato quien muere para la literatura y no viceversa?». Affonso Romano de Sant'Anna: «Siempre habrá literatura, porque siempre habrá sueños, siempre habrá mitos. No se escribe para la literatura, se escribe para cubrir un vacío, para vencer la discontinuidad. Lo que hay no es la muerte de la novela o de la poesía sino la transformación de los géneros. No hay géneros agotados, hay personas agotadas ante ciertos géneros». Sobre esa persona, Autran Dourado ha dicho: «Parece un campeón de natación que haya desistido de nadar y diga entonces que la piscina se ha vaciado». Y continuó: «La literatura es como Fénix: muere y renace en metamorfosis o, como decía Silviano Santiago, en varias metamorfosis».

Elias José, de Guaxupé, en Minas Gerais, donde es profesor de literatura, dijo: «El escritor es también reportero, pero el reportaje que hace se vuelve más eterno, porque posee la captación de la esencia y no solo de lo que es sensacional: está la ambigüedad del lenguaje que hace la obra más sugestiva que la propia vida».

Y ahora he terminado. Creo que he hablado demasiado y que no he hablado bien. Quiero añadir que acepto preguntas, aunque me concedo el derecho de responder con un «no sé» cuando realmente no sepa. Gracias por haberme escuchado.

Texas – Brasília – Vitória do Espírito Santo – Belo Horizonte – Campos – (71) – Belém do Pará

Clarice traductora

El inicio de la actividad de Clarice Lispector como traductora coincide con el fin de su matrimonio y su regreso al Brasil, después de dieciséis años fuera del país. Clarice desembarcó en Río de Janeiro con sus dos hijos pequeños, Pedro y Paulo, e inmediatamente puso en acción a sus amigos en busca de trabajo. Naturalmente la renta obtenida con los derechos de autor de sus libros, sumada a la pensión que su exmarido le enviaba regularmente, estaba lejos de garantizar su sustento.

Clarice venía de una larga temporada en los Estados Unidos —siete años— y antes había residido en Inglaterra, Suiza e Italia. Con un buen dominio del inglés (que ya había estudiado en Brasil, en la Cultura Inglesa, según declaró en una entrevista) y también del francés, decidió arriesgarse a hacer algunas traducciones, al principio por invitación de su amiga Tati de Moraes. Esta actividad acompañó a Clarice hasta el fin de su vida y, en la década de los setenta, llegó a traducir una media de tres libros por año. (La pérdida de su empleo como columnista en el *Jornal do Brasil*, en 1973, seguramente contribuyó al aumento de esa producción).

Clarice tradujo y adaptó autores clásicos para colecciones infantiles y juveniles, como Oscar Wilde (*El retrato de Dorian Gray*), Edgar Allan Poe (*Cuentos*) y Julio Verne (*La isla misteriosa*), y firmó la traducción de algunos best sellers, como Agatha Christie (*Tres ratones ciegos* y *Telón: el último caso de Poirot*) y Anne Rice (*Entrevista con el vampiro*).

En teatro, junto con Tati de Moraes, Clarice tradujo a los clásicos: *La casa de Bernarda Alba*, de Federico García Lorca, *Crías de zorro*, de Lilian Hellman, y *Hedda Gabler*, de Henrik Ibsen (por la que recibieron el premio a la mejor traducción del año en São Paulo).

Sobre su método de trabajo como traductora, Clarice declara que intentaba no leer el libro antes de traducirlo: «Es frase por frase, porque así se siente curiosidad por saber qué viene después y el tiempo pasa. Mientras que, si lo has leído, lo sabes todo y es un deber».

El texto seleccionado para esta edición, «Traducir procurando no traicionar», es una reflexión de Clarice sobre su actividad como traductora y fue publicado en la *Revista Jóia* en mayo de 1968.

Traducir procurando no traicionar

Tati de Moraes y yo tradujimos una vez una obra de Lilian Hellman para Tônia Carrero. Hicimos la traducción con gran placer, aunque al principio Tati, que es mi inexorable capataz en varios terrenos —de trabajo y otros—, tuvo que fustigarme. Pero, Tônia, no imaginas el trabajo de detalle que da traducir una obra de teatro. O mejor dicho, tú, que nos diste sugerencias inteligentes, sí lo imaginas. Primero, traducir puede hacerte correr el riesgo de no parar nunca: cuanto más se revisa más hay que tocar y retocar los diálogos. Sin hablar de la necesaria fidelidad al texto del autor, mientras que, al mismo tiempo, está la lengua portuguesa, que no traduce fácilmente ciertas expresiones típicamente americanas, lo que exige una adaptación más libre.

¿Y la exhaustiva lectura de la obra en voz alta para poder sentir cómo suenan los diálogos? Estos deben ser coloquiales, pero según las circunstancias más o menos ceremoniosos, más o menos relajados.

Como si no bastase, cada personaje tiene una «entonación» propia y para eso necesitamos las palabras y el tono apropiados. Y hablando de entonación, me sucedió una cosa desagradable durante la traducción. De tanto tratar con personajes americanos, se me «pegó» una entonación completamente americana en las inflexiones de voz. Empecé a cantar las palabras exactamente como un americano que habla portugués. Me quejé a Tati porque ya estaba harta de oírme y ella respondió con gran ironía: «¿Quién te manda ser una actriz innata?». Pero creo que todo escritor es un actor innato. En primer lugar, representa profundamente el papel de sí mismo. El escritor es una persona que se cansa mucho y que acaba con náuseas, ya que el contacto íntimo consigo mismo es demasiado prolongado.

Para Tônia fue muy bueno traducir esta obra. Pero ¿y cuando nos cayó una obra de Chéjov? Hubo una fase en la que yo estaba medio deprimida. Después supe que Tati estuvo consultando a algunos amigos míos para saber si me convenía enfrentarme al personaje principal, que se parecía demasiado a mí. La conclusión fue que trabajase de cualquier manera porque me sentaría bien hacer algo y porque sería bueno que viera, como en un espejo, mi propia fisonomía. Que me haría bien enfrentarme a un personaje cuyo sentido trágico de la vida lo acaba llevando a la desesperación. Tradujimos a Chéjov, yo con un esfuerzo tremendo porque me parecía que me estaba describiendo. Después, por motivos externos, la obra pasó a otras personas y la perdimos de vista. Uno de los motivos externos consistía en el hecho de que el director quería interferir demasiado en nuestra traducción. No nos molestaba la interferencia justa de un director, tantas veces esclarecedora, pero las divergencias eran muy serias. Entre otras, le parecía que en vez de «angustia», usásemos la palabra «neura». Nosotras no estábamos de acuerdo: un personaje ruso, y aún más de aquella época y ambiente, no hablaría de «neura». Hablaría de angustia y de tedio destructor. Pero, en realidad, en términos actuales, él tenía realmente una «neura».

En compensación, tradujimos *Hedda Gabler*, que no solo fue inmediatamente estrenada en São Paulo, sino que nos hizo ganar, con justo orgullo profesional, el premio a la mejor traducción del año. ¡Una medalla, Dios mío!

Fue un placer para mí traducir un resumen de un libro de Agatha Christie, por encargo de Tito Leite, director de Seleções. En vez de leerlo antes en la versión original, como siempre hago, fui leyendo a medida que iba traduciendo. Era una novela policiaca, yo no sabía quién era el criminal, y lo traduje a toda prisa, porque no soportaba la tensión de la curiosidad. El libro se acabó rápidamente.

Traduzco, sí, pero me da miedo leer traducciones de libros míos. Además de molestarme bastante releer cosas mías, me da miedo lo que el traductor pueda haber hecho con un texto mío. La traducción de dos libros míos al alemán no me dio problemas: no entiendo una palabra de alemán y la cosa fue un alivio, por eso no pude leer ni las críticas y comentarios que la editorial me mandó. Pero cuando un libro mío se tradujo al inglés, en Estados Unidos, por la Knopf —el libro salió físicamente bonito, agradable incluso de tocar—, entonces el problema fue diferente. Yo sabía que el traductor, Gregory Rabassa, era de primera —había ganado el National Books Award del año, en Estados Unidos—, y yo podía leer inglés. Entonces me llamé severamente al orden y empecé a cumplir con el deber de leerme a mí misma. La traducción me parece muy buena. Pero lo dejé porque me venció la náusea de releerme. El traductor, profesor de literatura portuguesa y brasileña en una universidad, hizo un largo prólogo sobre literatura brasileña. Llegó a la extraña conclusión de que yo era aún más difícil de traducir que Guimarães Rosa, a causa de mi sintaxis. No se asusten, en esta columna me esfuerzo en no usar una sintaxis que me es íntima y natural. Aunque me dé un poco de vergüenza ya había olvidado qué quiere decir sintaxis. Se lo pregunté a un amigo que me explicó: la sintaxis es la forma como las palabras se colocan en la frase. Me quedé igual. Y también pensaba que no podía tratarse solo de eso: una palabra tan seria como sintaxis no podía significar simplemente eso. Tengo mucho respeto a la gramática y pretendo no tratar inconscientemente con ella. Sobre esta cuestión de escribir correctamente, escribo más o menos correctamente de oído, por intuición, porque lo correcto siempre suena mejor.

Clarice conferenciante

El primer Congreso Mundial de Brujería, celebrado en Bogotá en 1975, contó con la participación de especialistas en las áreas de antropología, psicología, sociología, astrología, ufología, brujería e hipnosis. Entre ellos, un nombre parecía llamar la atención: el de la escritora brasileña Clarice Lispector. Años más tarde, al ser preguntada por su inusitada participación en el congreso, Clarice se limitó a responder: eso fue cosa de un crítico, no recuerdo de qué país, que dijo que yo usaba las palabras no como una escritora sino como una bruja.

En realidad, la invitación al Congreso Mundial de Brujería vino de la participación de Clarice, el año anterior, en el Congreso Literario sobre Narrativa, celebrado en Cali. Junto con Lygia Fagundes Telles, Clarice representó al Brasil en ese encuentro entre grandes nombres de la literatura latinoamericana, tales como Mario Vargas Llosa, José Miguel Oviedo y Antonio di Benedetti. En la carta oficial de invitación al Congreso de Brujería, el escritor Simón González —organizador del evento— escribe: «Solo una persona con esos ojos llenos de belleza, magia y profundidad podría escribir esos libros». En otra carta dirigida a Clarice también en esa ocasión, el escritor colombiano Pedro Gómez Valderrama afirma que ella era ampliamente conocida y admirada en los círculos intelectuales por sus libros.

En 1975, Colombia estaba en estado de excepción y el Alto Mando de las Fuerzas Armadas ya se había manifestado contra la realización del congreso. Domingos Meirelles, en un reportaje para *O Globo*, cuenta la división de la prensa colombiana en la cobertura del evento. Por un lado, los periódicos que lo abordaban de forma neutral, limitándose a documentar los hechos y a recoger declaraciones de los participantes; y, por el otro, la mayor parte de la prensa, que parecía cubrir el congreso de forma descaradamente irónica.

A punto de embarcar hacia Bogotá, Clarice declara a la revista *Veja*: «En el congreso mi intención es oír más que hablar. Solo hablaré si no puedo evitar que eso suceda, pero hablaré sobre la magia del fenómeno natural, porque me parece completamente mágico el hecho de que una oscura y seca simiente contenga en sí una planta verde brillante. También quiero leer un cuento llamado "El huevo y la gallina", que es mágico porque el huevo es puro, el huevo es blanco, el huevo tiene un hijo».

La fe de Clarice en determinadas supersticiones era conocida por sus amigos más íntimos, y ella solía mecanografiar sus textos contando siete espacios entre los párrafos, revelando su fe en el poder de ciertos números.

El 26 de agosto —día marcado para la conferencia de Clarice en el congreso—, las actividades fueron clausuradas por el grupo folclórico Orixás da Bahia, con un número de candomblé. Para su presentación Clarice preparó dos versiones de una misma conferencia titulada «Literatura y magia». En la primera escribe sobre el papel de la inspiración en su proceso creador y, en la segunda, más extensa, añade el relato de una serie de coincidencias inexplicables, en un episodio en que se le aparecen varias palomas.

La idea inicial era usar una de las dos versiones como introducción a la lectura de su cuento «El huevo y la gallina». A la hora señalada para su presentación, sin embargo, Clarice desistió de hacer ninguna introducción, limitándose a pedir que alguien leyera el cuento por ella.

En entrevistas posteriores al acto, Clarice declaró haber tenido la impresión de que la mayoría de la gente no entendió nada de lo que se leyó; destaca, sin embargo, que un americano se quedó tan encantado con el cuento que se dirigió a ella al acabar y le pidió una copia.

La primera de las dos versiones de la conferencia escritas para el evento y seleccionadas para la presente edición está en su versión original, y la segunda traducida a partir de la versión en inglés escrita por Clarice.

Literatura y magia
(versión original)

Tengo poco que decir sobre la magia. Y creo que el contacto con lo sobrenatural se hace en silencio y [en una profunda] meditación solitaria. La inspiración, para cualquier forma de arte, tiene un toque mágico, porque la creación es absolutamente inexplicable. No creo que la inspiración venga de lo sobrenatural. Supongo que emerge del más profundo «yo» de cada persona, de las profundidades del inconsciente individual, colectivo cósmico. Esto no deja de ser en cierta forma un poco sobrenatural, pero sucede que todo lo que llamamos «natural» es, en última instancia, sobrenatural. Como solo tengo para ofrecer a los aquí presentes mi literatura, una persona leerá por mí un cuento mío llamado «El huevo y la gallina». Este texto mío es misterioso incluso para mí misma y tiene una simbología secreta. Les pido que no escuchen la lectura solo con la razón, si no, todo escapará a la comprensión. Si media docena de personas realmente sienten este texto me daré por satisfecha. Y ahora «El huevo y la gallina».

Literatura y magia

Tengo poco que decir para un público exigente. Pero voy a decir una cosa: para mí, todo lo que existe lo hace por algún tipo de magia. Además, los fenómenos naturales son más mágicos que sobrenaturales. Hace dos meses me sucedió una cosa que me hace estremecer solo con pensarla. Yo estaba angustiada, sola, sin ninguna perspectiva, ya saben cómo es eso. Cuando de repente, sin ningún aviso, empezó a caer un chaparrón, seguido por un vendaval. Esa lluvia repentina me liberó, liberó toda mi energía, me aportó calma y me dejó tan relajada que enseguida me dormí profundamente, aliviada. La lluvia y yo, las dos tuvimos una relación mágica. Al día siguiente leí en el periódico, para mi sorpresa, que la lluvia que me había afectado a mí como magia blanca había afectado a otros como magia negra. Los reportajes decían que había sido una lluvia muy fuerte, con granizo en algunos lugares, que había dejado sin tejas muchas casas, que casi había provocado la caída de un avión.

También considero mágico el sol inexplicable que calienta todo mi cuerpo. Mágico es también el hecho de que hayamos inventado a Dios y de que, por milagro, Él exista. Yo misma, por lo menos conscientemente, nunca he tratado directamente con la magia. Sin embargo, he pintado un cuadro y una amiga me ha aconsejado que no lo mire porque podría hacerme daño. Estoy de acuerdo. En el cuadro, que he llamado «Terror», extraje de mí, tal vez a través de la magia, todo el horror que un ser siente en el mundo. El lienzo estaba pintado de negro, casi en el centro había una terrible mancha de color amarillo oscuro y dentro de esa mancha algo rojo, negro y amarillo vivo. Parecía una mariposa sin dientes que quisiera gritar sin conseguirlo. Cerca de la masa amarilla, sobre el negro, pinté dos puntos completamente blancos que tal vez fuesen la promesa del alivio futuro. Mirar ese cuadro me hizo daño.

No creo en nada. Al mismo tiempo creo en todo. El 1 de enero de 1974 estaba de pie en los escalones de una escalera cerca de la casa de un amigo, esperándole. Hacía mucho calor y todo parecía desierto. Era un día festivo y de repente me sentí completamente desesperada, sin ninguna perspectiva. Me cubrí el rostro con las manos y pensé: Por favor, Dios mío, mándame por lo menos algún símbolo de paz. Entonces abrí los ojos y un minuto después vi dos palomas cerca de mí. Me quedé sorprendida y un poco asustada. Luego fuimos al cine, mi amigo y yo. Cerca del cine había una tienda cerrada, porque era festivo, y vi a través del escaparate una especie de jarrón con cuatro palomas dentro. Al día siguiente fui a aquella tienda y compré el adorno de porcelana. Al día siguiente una pequeña pluma de paloma cayó sobre mí. La perdí. Y el episodio con el pájaro sucedió de forma dramática. Era otra vez un día muy cálido y yo estaba completamente exhausta. Volvía del centro de la ciudad en un taxi. Llevaba gafas oscuras. Y tan cansada que apoyé la cabeza en el brazo, intentando descansar un poco. Entonces sentí algo que me molestaba entre la lente de mis gafas y mi ojo izquierdo. Me quité las gafas y encontré una pluma de paloma. Sin comentarios. Dos días después fui a la consulta de un médico amigo mío y otra vez cogí un taxi. El conductor frenó de repente. Le pregunté: ¿qué ha pasado? Él respondió: casi mato una paloma, pero, gracias a Dios, ha escapado. Llegué a la consulta de mi amigo y le conté aquella historia de las palomas desde el principio. Y le pregunté: ¿qué significan esas cosas extrañas? Él respondió, sonriendo, que las cosas buenas no necesitan explicación. Y añadió: ¿quieres que te dé una pluma de paloma? Yo dije: claro que sí, si tienes una.

Él se agachó, cogió una pluma del suelo y me la dio. También sin comentarios.

Un día a un amigo mío le sucedió otra cosa. Tenía un bonito pico de plata, un pájaro difícil de encontrar en Río, especialmente en Copacabana. Una mañana, cuando fue a alimentarlo, vio con tristeza que el pájaro había muerto. No se podía hacer nada más que lamentar la muerte del pajarito. Una hora después la criada gritó: vengan rápido, vengan a ver esto. Todos fueron a la parte de atrás de la casa y vieron en el suelo, tembloroso, un pico de plata. El pajarito no intentó escapar y lo metieron en la jaula. Comió y empezó a cantar. Pregunto: ¿por qué?, ¿para qué? Tampoco existe respuesta para el hecho de que en una pequeña semilla, una simple semilla de árbol, haya esa promesa de vida, el fenómeno de una semilla que contiene vida es totalmente imposible. Un escritor brasileño dijo que estar vivo es imposible, y yo añado que nacer es imposible.

Y, para terminar, diré una cosa que puede parecer absurda, porque lo que voy a decir es matemática, magia pura. La magia en relación con lo que se escribe remite a la palabra «inspiración». ¿Cómo explicar la inspiración? A veces, en mitad de la noche, durmiendo un sueño profundo, despierto de repente, anoto una frase llena de palabras nuevas, después vuelvo a dormirme como si nada hubiese sucedido. Escribir, y hablo de escribir de verdad, es completamente mágico. Las palabras vienen de lugares tan lejanos dentro de mí que parecen haber sido pensadas por desconocidos y no por mí misma. Los críticos consideran que escribo lo que llaman «realismo mágico». Y un crítico, no recuerdo de qué país de América Latina, escribió sobre mí: no es escritora, es una bruja.

Y ahora quiero escuchar lo que ustedes saben sobre brujería.

El huevo y la gallina

Por la mañana en la cocina, sobre la mesa, veo el huevo.

Miro el huevo con una sola mirada. Inmediatamente comprendo que no se puede estar viendo un huevo. Ver un huevo no permanece nunca en el presente: apenas veo un huevo y ya es haber visto un huevo hace tres milenios. En el preciso instante de ver el huevo ya es el recuerdo de un huevo. Solo ve el huevo quien ya lo ha visto. Al ver el huevo ya es demasiado tarde: huevo visto, huevo perdido. Ver el huevo es la promesa de llegar un día a ver el huevo. Mirada corta e indivisible; si hay pensamiento no hay huevo. Mirar es el instrumento necesario que, después de usarlo, tiraré. Me quedaré con el huevo. El huevo no tiene un sí-mismo. Individualmente no existe.

Ver el huevo es imposible: el huevo es supervisible como hay sonidos supersónicos. Nadie es capaz de ver el huevo. ¿El perro ve el huevo? Solo las máquinas ven el huevo. La grúa ve el huevo. Cuando yo era antigua un huevo se posó en mi hombro. El amor por el huevo tampoco se siente. El amor por el huevo está más allá de lo sensible. Uno no sabe que ama al huevo. Cuando yo era antigua fui depositaria del huevo y caminé suavemente para no derramar el silencio del huevo. Cuando morí me sacaron el huevo con cuidado. Todavía estaba vivo. Solo quien viera el mundo vería el huevo. Como el mundo el huevo es obvio.

El huevo ya no existe. Como la luz de la estrella ya muerta, el huevo propiamente dicho ya no existe. Eres perfecto, huevo.

Eres blanco. A ti te dedico el principio. A ti te dedico la primera vez.

Al huevo dedico la nación china.

El huevo es una cosa suspendida. Nunca se ha posado. Cuando se posa no es él quien se ha posado. Ha sido algo que quedó debajo del huevo. Miro el huevo en la cocina con una atención superficial, para no romperlo. Pongo mucho cuidado en no entenderlo. Siendo imposible entenderlo sé que si lo entiendo me estoy equivocando. Entender es la prueba de la equivocación. Entenderlo no es el modo de verlo. No pensar nunca en el huevo es un modo de haberlo visto. ¿Sé algo del huevo? Es casi seguro que algo sé. Así: existo, luego sé. Lo que no sé del huevo es lo que realmente importa. Lo que no sé del huevo me da el huevo propiamente dicho. La luna está habitada por huevos.

El huevo es una exteriorización. Tener cáscara es entregarse. El huevo desnuda la cocina. Hace de la mesa un plano inclinado. El huevo expone. Quien profundiza en un huevo, quien ve más que la superficie de un huevo, quiere otra cosa: tiene hambre.

El huevo es el alma de la gallina. La gallina torpona. El huevo cierto. La gallina asustada. El huevo cierto. Como un proyectil parado. Porque el huevo es un huevo en el espacio. Huevo sobre azul. Te amo, huevo. Te amo como una cosa no sabe que ama a otra cosa. No lo toco. El aura de mis dedos es la que ve el huevo. No lo toco. Pero dedicarme a la contemplación del huevo sería morir para la vida mundana, y yo necesito la yema y la clara. El huevo me ve. ¿El huevo me idealiza? ¿El huevo me medita? No, el huevo solo me ve. Carece de la comprensión que hiere. El huevo nunca ha luchado. Es un don. El huevo es invisible al ojo desnudo. De huevo en huevo se llega a Dios, que es invisible al ojo desnudo. El huevo será tal vez el triángulo que ha rodado tanto en el espacio que se ha ido ovalando. ¿El huevo es básicamente un jarrón? ¿Habrá sido el primer jarrón moldeado por los etruscos? No. El huevo es originario de Macedonia. Allí fue calculado, fruto de la más penosa espontaneidad. En las arenas de Macedonia un hombre con una vara en la mano lo dibujó. Y después lo borró con el pie descalzo.

El huevo es una cosa que hay que cuidar. Por eso la gallina es el disfraz del huevo. Para que el huevo atraviese los tiempos la gallina existe. Las madres están para eso. El huevo vive forajido porque siempre está demasiado adelantado a su época. El huevo por ahora será siempre revolucionario. Vive dentro de la gallina para que no le llamen blanco. El huevo es realmente blanco. Pero no se le puede llamar blanco. No es que le duela, pero las personas que llaman blanco al huevo mueren para la vida. Llamar blanco a lo que es blanco puede destruir a la humanidad. Una vez un hombre fue acusado de ser lo que era y lo llamaron Aquel Hombre. No habían mentido: era Él. Pero hasta ahora todavía no nos hemos recuperado, unos detrás de otros. La ley general para seguir vivos: se puede decir «un rostro bonito», pero quien diga «el rostro» morirá, por haber agotado el tema.

Con el tiempo el huevo se convirtió en un huevo de gallina. No lo es. Pero, una vez adoptado, usa su apellido. Se debe decir: «el huevo de la gallina». Si digo solo «el huevo», se agota el tema y el mundo se queda desnudo. En relación con el huevo el peligro es que se descubra lo que se podría llamar su belleza, es decir, su veracidad. La veracidad del huevo no es verosímil. Si lo descubriesen, podrían querer obligarlo a ser rectangular. El peligro no es para el huevo, él no se volvería rectangular. (Nuestra seguridad es que él no puede: no poder es la gran fuerza del huevo: su grandiosidad nace de la grandeza de no poder, que se proyecta como un no querer). Pero quien luchase por volverlo rectangular estaría perdiendo su propia vida. El huevo nos pone, por lo tanto, en peligro. Nuestra ventaja es que el huevo es invisible. Y, en cuanto a los iniciados, estos ocultan al huevo.

En cuanto al cuerpo de la gallina, es la mayor prueba de que el huevo no existe. Basta con mirar a una gallina para que sea obvio que es imposible que el huevo exista.

¿Y la gallina? El huevo es el gran sacrificio de la gallina. El huevo es la cruz que la gallina carga en vida. El huevo es el sueño inalcanzable de la gallina. La gallina ama al huevo. Ella no sabe que existe el huevo. Si supiese que tiene en sí misma un huevo, ¿se salvaría? Si supiese que tiene en sí misma el huevo perdería el estado de gallina. Ser gallina es la supervivencia de la gallina. Sobrevivir es la salvación. Porque parece que vivir no existe. Vivir lleva a la muerte. Entonces lo que hace la gallina es estar permanentemente sobreviviendo. Sobrevivir es mantener una lucha contra la vida, que es mortal. Ser una gallina es eso. La gallina tiene un aire afligido.

Es necesario que la gallina no sepa que tiene un huevo. Si no ella se salvaría como gallina, y eso tampoco está garantizado, pero perdería el huevo. Entonces ella no sabe. Para que el huevo use a la gallina existe la gallina. Ella existía solo para cumplirse, pero le gustó. El desmantelamiento de la gallina viene de ahí: gustar no formaba parte de nacer. El gusto de estar vivo duele. En cuanto a quién estaba antes, fue el huevo el que encontró a la gallina. La gallina ni siquiera fue llamada. La gallina es directamente una elegida. La gallina vive como en un sueño. No tiene sentido de la realidad. Todo el miedo de la gallina es porque están siempre interrumpiendo su devaneo. La gallina es un gran sueño. La gallina sufre de un mal desconocido. El mal desconocido de la gallina es el huevo. Ella no sabe explicarse: «sé que el error está en mí misma», ella llama error a su vida, «ya no sé lo que siento», etcétera.

«Etcétera, etcétera, etcétera» es lo que cacarea todo el día la gallina. La gallina tiene mucha vida interior. Nuestra visión de su vida interior es lo que llamamos «gallina». La vida interior de la gallina consiste en actuar como si entendiese. Una amenaza y ella arma un escándalo como si se hubiese vuelto loca. Todo para que el huevo no se rompa dentro de ella. Un huevo que se rompe dentro de la gallina es como sangre.

La gallina mira al horizonte. Como si de la línea del horizonte viese llegar un huevo. Aparte de ser un medio de transporte para el huevo, la gallina es tonta, desocupada y miope. ¿Cómo podría entenderse la gallina si ella es la contradicción de un huevo? El huevo todavía es el mismo que se originó en

Macedonia. La gallina es siempre la tragedia más moderna. Está siempre inútilmente al día. Y continúa siendo redibujada. Todavía no se ha encontrado la forma más adecuada para una gallina. Mientras mi vecino atiende el teléfono, redibuja la gallina con lápiz distraído. Pero para la gallina no hay manera: está en su condición no servirse a sí misma. Siendo su destino más importante que ella, y siendo su destino el huevo, su vida personal no nos interesa.

Dentro de sí la gallina no reconoce el huevo, pero fuera de sí tampoco lo reconoce. Cuando la gallina ve el huevo piensa que está tratando con una cosa imposible. Y con el corazón latiendo, con el corazón latiendo tanto, ella no lo reconoce.

De repente miro el huevo en la cocina y solo veo en él la comida. No lo reconozco, y mi corazón late. La metamorfosis se está produciendo en mí: empiezo a no poder mirar ya el huevo. Fuera de cada huevo particular, fuera de cada huevo que se come, el huevo no existe. Ya no consigo creer en un huevo. Cada vez tengo menos fuerza para creer, estoy muriendo, adiós, he mirado demasiado un huevo y él me ha ido adormeciendo.

La gallina no quería sacrificar su vida. La que optó por querer ser «feliz». La que comprendía que, si se pasaba la vida dibujando en su interior el huevo como en una iluminación, ella serviría para algo. La que no sabía perderse a sí misma. La que pensó que tenía plumas de gallina para cubrirse porque tenía una piel preciosa, sin entender que las plumas eran exclusivamente para suavizar su travesía al cargar con el huevo, porque el sufrimiento intenso podría perjudicar al huevo. La que pensó que el placer era un don para ella, sin darse cuenta de que era para que ella se distrajera totalmente mientras se formaba el huevo. La que no sabía que «yo» es solo una de las palabras que se dibujan mientras se atiende el teléfono, un mero intento de buscar una forma más adecuada. La que pensó que «yo» significa tener un sí mismo. Las gallinas perjudiciales para el huevo son aquellas que son un «yo» sin tregua. En ellas, el «yo» es tan constante que ya no pueden pronunciar la palabra «huevo». Pero quién sabe si eso es lo que necesita el huevo. Porque si ellas no estuviesen tan distraídas, si prestasen atención a la gran vida que se forma dentro de ellas, confundirían al huevo.

He empezado a hablar de la gallina y ya hace mucho que no hablo de la gallina. Pero todavía estoy hablando del huevo.

Y es que no entiendo el huevo. Solo entiendo el huevo roto: lo rompo en la sartén. De esta forma indirecta me ofrezco a la existencia del huevo: mi sacrificio es reducirme a mi vida personal. Hice de mi placer y de mi dolor mi destino disimulado. Y tener solo la propia vida es, para quien ya ha visto el huevo, un sacrificio. Como aquellos que, en el convento, barren el suelo y lavan la ropa, sirviendo sin la gloria de la función mayor, mi trabajo es el de vivir mis placeres y mis dolores. Es necesario que yo tenga la modestia de vivir.

Cojo otro huevo en la cocina, rompo su cáscara y su forma. Y a partir de este instante exacto nunca ha existido un huevo. Es absolutamente indispensable que yo esté ocupada y distraída. Soy indispensablemente uno de los que reniegan. Formo parte de la masonería de los que han visto una vez el huevo y reniegan de él como forma de protegerlo. Somos los que se abstienen de destruir y en eso se consumen. Nosotros, agentes disfrazados y distribuidos en las funciones menos reveladoras, a veces nos reconocemos. Por una cierta manera de mirar, una cierta manera de dar la mano, nosotros nos reconocemos, y a eso le llamamos amor. Y entonces no es necesario el disimulo: aunque no se hable, tampoco se miente, aunque no se diga la verdad, tampoco es ya necesario disimular. El amor existe cuando se nos concede participar un poco más. Pocos quieren el amor, porque el amor es la gran desilusión de todo lo demás. Y pocos soportan perder todas las demás ilusiones. Están los que se presentan voluntarios para el amor, pensando que el amor enriquecerá su vida personal. Y es lo contrario: el amor es finalmente la pobreza. Amor es no tener. El amor es incluso la desilusión de lo que se creía que era amor. Y no es un premio, por eso no envanece, el amor no es un premio, es una condición concedida exclusivamente a aquellos que, sin él, corromperían al huevo con su dolor personal. Eso no hace del amor una excepción honrosa; es exactamente concedido a los malos agentes, a aquellos que lo complicarían todo si no les fuera permitido adivinar vagamente.

A todos los agentes les son dadas muchas ventajas para que el huevo se haga. No hay, pues, que tener envidia porque algunas de las condiciones, peores que las de los otros, son solo las condiciones ideales para el huevo. En cuanto al placer de los agentes, ellos también lo reciben sin orgullo. Austeramente viven todos los placeres: ese es nuestro sacrificio para que el huevo se haga. Incluso nos ha sido impuesta una naturaleza totalmente adecuada al mucho placer. Eso lo facilita. Por lo menos hace menos penoso el placer.

Hay casos de agentes que se suicidan; les parecen insuficientes las poquísimas instrucciones recibidas y se sienten sin apoyo. Se dio el caso del agente que reveló públicamente que era un agente porque le resultó intolerable no ser comprendido y ya no soportaba no gozar del respeto ajeno: murió atropellado cuando salía de un restaurante. Hubo otro que ni siquiera necesitó ser eliminado: él mismo se consumió lentamente en su rebelión, una rebelión que tuvo cuando descubrió que las dos o tres instrucciones recibidas no incluían ninguna explicación. Hubo otro que fue también eliminado porque creía que «la verdad debe ser dicha valientemente», y empezó a buscarla; de él se dijo que murió en nombre de la verdad, pero el hecho es que él solo estaba dificultando la verdad con su inocencia; su aparente coraje era una tontería, y era ingenuo su deseo de lealtad; no había comprendido que ser leal no es algo limpio, ser leal es ser desleal con todo el resto. Esos casos extremos de muerte no lo son por crueldad. Es porque hay un trabajo, digamos cósmico, que tiene que ser realizado, y los casos individuales desgraciadamente no se pueden tomar en consideración. Para los que sucumben y se vuelven individuales, existen las instituciones, la caridad, la comprensión que no discrimina motivos, nuestra vida humana, en fin.

Los huevos estallan en la sartén, y, sumergida en el sueño, preparo el desayuno. Sin ningún sentido de la realidad, grito a los chicos que surgen de varias camas, arrastran sillas y comen, y el trabajo del día amanecido empieza gritado y reído y comido, clara y yema, alegría entre peleas, un día que es nuestra sal y nosotros somos la sal del día, vivir es extremadamente tolerable, vivir ocupa y distrae, vivir hace reír.

Y me hace sonreír en mi misterio. Mi misterio es que yo soy solo un medio, y no un fin. Me han dado la más maliciosa de las libertades: no soy tonta y la aprovecho. Incluso hago daño a los otros, lo que francamente… El falso empleo que me dieron para disimular mi verdadera función, pues lo aprovecho y hago de él el mío verdadero, incluso el dinero que me dan como paga para facilitar mi vida y para que el huevo se haga, pues ese dinero lo he usado para otros fines, desvío de partida presupuestaria, últimamente he comprado acciones de la Brahma* y soy rica. A todo eso aún lo llamo tener la necesaria modestia de vivir. Y también el tiempo que me dieron, y que nos dan solo para que, en el ocio honrado, el huevo se haga, pues lo he usado para placeres ilícitos y dolores ilícitos, enteramente olvidada del huevo. Esta es mi simplicidad.

¿O es eso lo que ellos quieren que me suceda, exactamente para que el huevo se cumpla? ¿Es libertad o estoy siendo dirigida? Porque vengo notando que todos mis errores están siendo aprovechados. Mi rebelión es que para ellos yo no soy nada, soy solo valiosa: ellos cuidan de mí segundo a segundo, con la más absoluta falta de amor; soy solo valiosa. Con el dinero que me dan, últimamente bebo. ¿Abuso de confianza? Pero es que nadie sabe cómo se siente por dentro aquel cuyo empleo consiste en fingir que está traicionando, y que acaba creyendo en su propia traición. Cuyo empleo consiste diariamente en olvidar. Aquel de quien se exige la aparente deshonra. Ni siquiera mi espejo refleja ya un rostro que sea mío. O soy un agente, o es la misma traición.

Pero duermo el sueño de los justos por saber que mi vida fútil no complica la marcha del gran tiempo. Al contrario:

---

* Famosa marca de cerveza brasileña. (*N. de la T.*)

parece que se exige de mí que sea extremadamente fútil, se exige de mí, incluso, que yo duerma como un justo. Ellos me quieren ocupada y distraída y no les importa cómo. Porque, con mi atención equivocada y mi tontería grave, yo podría complicar lo que se está haciendo a través de mí. Es que yo misma, yo propiamente dicha, solo he servido para complicar. Lo que me revela que tal vez yo sea un agente es la idea de que mi destino me sobrepasa: por lo menos eso tuvieron que dejármelo adivinar, yo era de aquellos que harían mal el trabajo si por lo menos no adivinasen un poco; me hicieron olvidar lo que me dejaron adivinar, pero vagamente me quedó la noción de que mi destino me sobrepasa, y de que soy un instrumento de su trabajo. Pero, en cualquier caso, yo solo podría ser un instrumento, pues el trabajo no podría ser realmente mío. Ya he intentado establecerme por cuenta propia y no salió bien; me ha quedado hasta hoy esta mano trémula. Si yo hubiese insistido un poco más habría perdido para siempre la salud. Desde entonces, desde esa malograda experiencia, intento razonar de esta manera: que ya me ha sido dado mucho, que ellos ya me concedieron todo lo que puede ser concedido; y que otros agentes, muy superiores a mí, también han trabajado solo para los que no sabían. Y con las mismas poquísimas instrucciones. Ya me ha sido dado mucho; esto, por ejemplo: una vez u otra, con el corazón latiendo por el privilegio, ¡yo por lo menos sé que no lo reconozco!, con el corazón latiendo de emoción ¡yo por lo menos no comprendo!, con el corazón latiendo de confianza, ¡yo por lo menos no sé!

Pero ¿y el huevo? Este es uno de sus subterfugios: mientras yo hablaba sobre el huevo, me había olvidado del huevo. «¡Hablad, hablad!», me instruyeron ellos. Y el huevo queda enteramente protegido por tantas palabras. Hablad mucho, es una de las instrucciones, estoy tan cansada.

Por devoción al huevo lo he olvidado. Mi necesario olvido. Mi interesado olvido. Porque el huevo es esquivo. Ante mi adoración posesiva él podría retraerse y no volver nunca más. Pero si lo olvidáramos. Si yo hiciera el sacrificio de vivir solo mi vida y de olvidarlo. Si el huevo fuera imposible. Entonces —libre, delicado, sin ningún mensaje para mí— quizá se traslade aún una vez más hasta esta ventana que siempre he dejado abierta. Y de madrugada baje a nuestro edificio. Sereno hasta la cocina. Iluminándola con mi palidez.

Clarice entrevistada

En 1976 —un año antes de su muerte—, Clarice Lispector, contradiciendo su fama de detestar las entrevistas, concede las más extensas declaraciones de su carrera al Museu da Imagem e do Som de Río de Janeiro.

De hecho, a lo largo de su vida, Clarice concedió pocas entrevistas y, en muchas, declaró abiertamente su incomodidad en ellas: «Cuando empiezan a hacerme muchas preguntas complicadas, me siento como el ciempiés al que un día preguntaron cómo no se confundía al andar con cien pies. Él quiso demostrar su técnica y acabó olvidando lo que sabía. A mí también me da miedo eso», justificó al periodista del *Jornal do Brasil* en unas declaraciones concedidas en enero de 1971.

El periodista y escritor José Castello contó también las dificultades para extraerle a Clarice una entrevista en su ensayo *El inventario de las sombras*, de 1999: «Saco de la cartera una pequeña grabadora, y, distraídamente, la coloco sobre la mesa del centro. En cuanto ve la grabadora, Clarice empieza a gritar. (…) "¡Aparta esto de aquí!", dice ella finalmente, "¡No quiero esto aquí!"». Castello relata que Clarice llega incluso a encerrar la grabadora en un armario con la promesa de devolvérsela después de la entrevista y, solo entonces, se muestra dispuesta a conversar: «"¿Por qué escribes?", pregunto, en uno de mis peores momentos. Clarice frunce el ceño con desagrado. (…) "Voy a responderte con otra pregunta: ¿Por qué bebes agua?"».

En julio de 1976, al final de una entrevista para la revista *Crisis*, Clarice entrega al joven periodista una nota manuscrita: «Me gusta entrevistar a la gente, pero no me gusta que me entrevisten. En general, me hacen muchas preguntas y yo no sé explicarme. Tampoco me gusta ser conocida. Pero Eric Nepomuceno fue simpático y respetuoso conmigo».

De hecho —como deja claro en la nota manuscrita—, Clarice solía hacer entrevistas, casi todas para las revistas *Manchete* y *Fotos & Fotos*. Una parte de ellas fue publicada posteriormente por la autora, en la antología *De cuerpo entero*, de 1975. Entre los personajes que entrevistó, se encuentran Érico Veríssimo, Pablo Neruda, Tom Jobim, Chico Buarque, Oscar Niemeyer, Carlos Scliar, Bibi Ferreira y Paulo Autran. En la presentación del libro, el periodista Alberto Dines anota: «Clarice, a su manera profunda y sin pretensiones, muestra que el arte de entrevistar es el arte de escuchar. (...) Entonces la entrevista se convierte en un retrato».

A lo largo de su vida se hicieron algunos «retratos» importantes de Clarice, como las entrevistas que concedió a Renard Perez, en el *Correio da Manhã*, en 1961; a Sérgio Augusto, Jaguar, Ivan Lessa, Ziraldo, Nélida Piñon y Olga Savary, en *O Pasquim*, de 1974, y a Júlio Lerner, en TV Cultura, en 1977. Se trata de documentos fundamentales para la comprensión de la trayectoria de Clarice como mujer y como escritora.

Estas declaraciones —junto con la más completa, concedida al Museu da Imagem e do Som— fueron publicadas en *Clarice Lispector: Rencontres Brésiliennes* (Ed. Trois, Quebec, 1987), una recopilación de entrevistas a la escritora hecha por la investigadora canadiense Claire Varin. En Brasil, esta es la primera vez que la entrevista concedida al Museu da Imagem e do Som aparece publicada íntegramente en un libro.

La entrevista al Museu da Imagem e do Som fue concedida a los escritores Affonso Romano de Sant'Anna y Marina Colasanti a petición de Clarice, por tratarse de amigos personales. Affonso recuerda que la escritora temía que las declaraciones se transformasen en una cosa pomposa, oficial y, como quería sentirse lo más cómoda posible, designó a la pareja de amigos para esa tarea. Completa el grupo de entrevistadores João Salgueiro, entonces director del Museu da Imagem e do Som.

En la entrevista, de casi dos horas, Clarice habla sobre su vida y sobre su obra, comentando incluso, una gran parte de los «perfiles» destacados en esta edición: la escritora principiante, la periodista, la autora de páginas femeninas, la madre, la traductora y, finalmente, la ensayista y conferenciante del congreso de literatura en Texas y del de brujería en Bogotá.

Entrevista a la escritora
Clarice Lispector,

grabada el 20 de octubre de 1976
en la sede del Museu da Imagem
e do Som de Río de Janeiro

Affonso Romano de Sant'Anna: Clarice, ¿empezamos con algunos datos biográficos?

Clarice Lispector: Nací en Ucrania, pero ya en fuga. Mis padres pararon en una aldea que ni aparece en el mapa, llamada Tchetchelnik, para que yo naciera, y vinieron al Brasil, adonde llegué con dos meses. De manera que llamarme extranjera es una tontería. Soy más brasileña que rusa, evidentemente.

Affonso Romano de Sant'Anna: ¿La gente te llama extranjera por el acento?

Clarice Lispector: Por la «erre». Creen que es acento, pero no lo es. Es el frenillo. Podrían habérmelo cortado, pero es muy difícil ya que es un lugar siempre húmedo, de difícil cicatrización. Ahora ya da igual.

João Salgueiro: ¿Tienes hermanos, Clarice?

Clarice Lispector: Dos hermanas: Elisa Lispector y Tânia Kaufman. Bueno, ya en Brasil fuimos a Recife… Mira, yo no sabía que era pobre, ¿sabes?

Marina Colasanti: Nunca lo habías dicho. Nunca lo he leído dicho por ti.

Clarice Lispector: No. Yo era muy pobre, hija de emigrantes.

Affonso Romano de Sant'Anna: ¿A qué se dedicaban tus padres en Ucrania?

Clarice Lispector: Mi padre trabajaba en el campo y, cuando llegó a Río, trabajó como representante.

Affonso Romano de Sant'Anna: ¿Pero había en tu familia alguna formación artístico-literaria que te llevase a la literatura?

Clarice Lispector: No. Pero el día de la boda de mi hijo, Paulo Gurgel Valente, una medio tía mía, que estaba en la boda, se acercó a mí y me hizo el mejor regalo del mundo. Dijo: «¿Sabes que tu madre escribía? Escribía diarios».

Affonso Romano de Sant'Anna: ¿Sabes si alguien guardó esos diarios?

Clarice Lispector: No. Mi madre era paralítica y yo me moría de sentimiento de culpa porque creía que lo había provocado yo al nacer. Pero me dijeron que ya era paralítica antes... Éramos bastante pobres. Pregunté un día a Elisa, que es la mayor, si pasamos hambre y dijo que casi. Había en Recife, en una plaza, un hombre que vendía una naranjada en la cual la naranja casi no hacía acto de presencia. Eso y un pedazo de pan era nuestro almuerzo.

Marina Colasanti: ¿No te acordabas de eso, Clarice?

Clarice Lispector: Mira, no tenía conciencia. Era tan alegre que escondía de mí el dolor de ver a mi madre así... ¡Yo estaba tan viva!

Marina Colasanti: En otras declaraciones y entrevistas, siempre has transmitido la idea de una infancia muy despreocupada, muy rica.

Clarice Lispector: Era como yo me sentía. Vivía en un piso de un edificio de la Praça Maciel Pinheiro, que hoy es patrimonio histórico porque es muy bonito y verdaderamente viejo... ¿Qué estaba diciendo...? Me he perdido completamente... Ah, vivíamos allí, y yo bajaba del piso, me quedaba en la puerta de la escalera y, a todo niño que pasaba, según como fuese, porque mi instinto me guiaba, le preguntaba: «¿Quieres jugar conmigo?». Algunos aceptaban, otros no, y a otros ni siquiera les preguntaba.

Marina Colasanti: Como la niña pelirroja con el perro *basset.**
¿Cuánto tiempo estuviste en Recife, Clarice?

Clarice Lispector: Hasta los doce años.

Affonso Romano de Sant'Anna: Y tus primeras lecturas literarias, ¿cuándo empezaron, más o menos?

Clarice Lispector: Cuando aprendí a leer... Bueno, antes de aprender a leer y a escribir, yo ya fabulaba. Incluso inventé con una amiga mía, un poco pasiva, una historia que no acababa. Era lo ideal, una historia que no acabase nunca.

Affonso Romano de Sant'Anna: La amiga pasiva de quien hablas es una amiga imaginaria, ¿no?

Clarice Lispector: No. Era real, pero quieta, me obedecía. Porque yo era un poco líder. La historia era así: yo empezaba, todo era muy difícil, los dos muertos... Entonces entraba ella y decía que no estaban tan muertos. Y ahí volvía todo a empezar... Después, cuando aprendí a leer, devoraba los libros, y pensaba que eran como un árbol, como un bicho, algo que nace. No sabía que había un autor detrás de todo. Luego descubrí que era así y dije: «Yo también quiero». En el *Diário de Pernambuco*, los jueves, publicaban cuentos infantiles. Yo no me cansaba de mandar mis cuentos, pero nunca los publicaban, y yo sabía por qué. Porque los otros decían: «Érase una vez y esto y lo otro...». Y los míos eran sensaciones.

Affonso Romano de Sant'Anna: ¿Guardaste alguna copia de esos cuentos o los publicaste en otro sitio?

Clarice Lispector: No, no he guardado nada.

Marina Colasanti: También escribiste una obra de teatro infantil, ¿verdad?

Clarice Lispector: Cuando tenía nueve años, vi un espectáculo e, inspirada, en dos páginas de libreta, hice una obra en tres

---

* Marina Colasanti se refiere aquí al cuento «Tentación», publicado en *La Legión Extranjera* («La Legión Extranjera», *Cuentos reunidos*, Ediciones Siruela, Madrid, 2013), donde una niña pelirroja, sentada en la solera de una puerta, tiene un repentino y fugaz amor por un perro *basset* de pelo rojo. *(N. de la T.)*

actos, no sé cómo. La escondí tras la estantería porque tenía vergüenza de escribir.

Affonso Romano de Sant'Anna: ¿Cómo se llamaba esa obra?

Clarice Lispector: No sé si me acordaré... Ah, *Pobre menina rica*, que no tiene nada que ver con la obra de Vinicius.

Affonso Romano de Sant'Anna: ¿Y tu formación escolar, Clarice? ¿Ibas al colegio o estudiabas en casa?

Clarice Lispector: Estudiaba en el Grupo Escolar João Barbalho, que es una escuela pública de Recife. Después hice el examen de admisión para el Instituto. Era muy difícil pero pasé. Estuve hasta el tercer año allí. Después vine aquí. Estudié en un colegio medio perdido que daba dieces a todos... De pequeña, era muy reivindicadora de los derechos de la persona, por eso decían que sería abogada. Eso se me quedó en la cabeza y, como no tenía ninguna vocación especial, fui a estudiar Derecho.

Affonso Romano de Sant'Anna: ¿Llegaste a entrar en la facultad?

Clarice Lispector: ¡Sí, y con muy buena nota! Y estudié latín, que ahora ya no está de moda. Pero... Ya me he vuelto a perder.

Affonso Romano de Sant'Anna: Pero ¿nunca ejerciste?

Clarice Lispector: No. En tercer curso descubrí que nunca trataría con papeles y que mi idea (mira el absurdo de la adolescencia) era estudiar Derecho para reformar las cárceles. Además, San Thiago Dantas decía que quien quiere ser abogado por el Derecho Penal no es abogado, es un literato. Entonces vi que aquello no me interesaba y conseguí un empleo en un periódico. Solo terminé la carrera porque una compañera mía, que también escribía y después lo dejó, me tenía mucha rabia y por eso un día me dijo: «Ahora escribes, pero todo lo que empiezas nunca lo acabas». Eso me asustó y rápidamente acabé la carrera. Y ni siquiera fui a la licenciatura. Ya estaba casada, con mi exmarido, Maury Gurgel Valente, que hoy es embajador del Brasil en la ALALC, en Uruguay.

Affonso Romano de Sant'Anna: ¿Estás segura de que esa carrera de Derecho no te ayudó a cuidar de tus derechos de autor después?

Clarice Lispector: No, para nada… Al contrario, yo era tan libre, no sé ni explicarlo. Y excesivamente sensible, lloraba por cualquier cosa. Y reía, reía como una loca.

Marina Colasanti: ¿En qué periódico trabajabas?

Clarice Lispector: En el periódico *A Noite*. Ya no existe. Yo hacía de todo excepto sucesos y crónicas de sociedad. Reportajes, entrevistas… Después trabajé en el *Diário da Tarde*, que también ha desaparecido. Parece ser que cierro los periódicos.

Affonso Romano de Sant'Anna: ¿En el *Diário da Tarde* hacías también todas las secciones?

Clarice Lispector: No. En el *Diário da Tarde* hacía una página femenina que firmaba como Ilka Soares, la actriz. La mitad del dinero era para ella y la otra mitad para mí. A ella le parecía muy bien: su nombre aparecía cada día y no tenía que hacer nada… Pero era verdaderamente divertido, consultábamos muchas revistas, aprendíamos a pintarnos los ojos… *(risas)*.

Affonso Romano de Sant'Anna: ¿Y esos textos se han recopilado alguna vez? No los textos de moda o cosas femeninas, sino otros que hayas escrito.

Clarice Lispector: No, no.

Marina Colasanti: En cierta manera, Clarice, desde que trabajaste en *A Noite* siempre has estado con un pie en la prensa, porque después hiciste…

Clarice Lispector: Una columna en el *Jornal do Brasil*…

Marina Colasanti: Antes de eso hiciste la revista *Senhor*, ¿verdad? ¿Cuánto tiempo estuviste allí?

Clarice Lispector: Mientras duró la revista *Senhor*. Cada mes publicaban algo mío… Mucho antes, cuando tenía catorce o quince años, escribí un cuento y lo llevé a una revista que se llamaba *Vamos Lêr!*, de Raimundo Magalhães Jr. Me quedé allí, de pie. Yo era lo que sigo siendo, una tímida atrevida. Soy tímida, pero me lanzo. Le di el cuento para que lo leyera y dije: «Es para que usted vea si lo publica». Lo leyó, me miró y dijo: «¿Has copiado esto de alguien? ¿Lo has traducido de alguien?». Respondí que no y lo publicó. Después hubo un periódico llamado *Dom Casmurro*, al que llevé también algunas cosas, también sin conocer a nadie... Ahí llegué y se quedaron encantados, me encontraron guapa, que tenía la voz más bonita del mundo y me publicaron. No pagaban nada, claro.

Affonso Romano de Sant'Anna: Es porque el dinero corrompe el talento...

Clarice Lispector: Completamente... *(risas)*. El talento menor...

Marina Colasanti: De ese mal no mueres, Clarice.

Affonso Romano de Sant'Anna: El lanzamiento de tu primer libro, *Cerca del corazón salvaje*, en 1944, causó un cierto impacto en la crítica brasileña.

Clarice Lispector: Virgen Santa, ya lo creo. Mi hermana Tânia guardó las críticas, un libro así de gordo. Yo ya estaba fuera, estaba casada...

Affonso Romano de Sant'Anna: ¿Ya estabas fuera del país?

Clarice Lispector: No, estaba en Belém, en Pará. Lo publiqué y diez días después estaba en Belém, es decir, sin contacto con escritores y pasmada con las críticas. Incluso había una de Sérgio Milliet, que fue quien cambió la opinión de Álvaro Lins.* Yo le había preguntado si valía la pena publicarlo. Entonces me respondió: «Llame dentro de una semana». Entonces llamé y me dijo: «Mira, no he entendido tu libro. Pero habla con Otto Maria Carpeaux, que

---

* Álvaro de Barros Lins (1912-1970) fue durante muchos años crítico literario del *Correio da Manhã*, adonde llevó a Otto Maria Carpeaux (1900-1978), intelectual austriaco recién llegado al Brasil. Carpeaux llevó a cabo un intenso trabajo de divulgación de lo más moderno de las letras europeas. Sérgio Milliet (1898-1966), también un influyente crítico literario, escribía en el periódico *O Estado de São Paulo*, donde publicó el 15 de enero de 1944 una elogiosa crítica sobre *Cerca del corazón salvaje* (Ediciones Siruela, Madrid, 2015). *(N. de la T.)*

quizá lo entienda». No hablé con nadie y lo publiqué. El libro había sido rechazado por la editorial José Olympio, y esa edición fue un arreglo con *A Noite*. Yo no pagaba nada, pero tampoco ganaba nada: si había beneficios, serían para ellos.

Marina Colasanti: ¿Empezaste el libro con una estructura de la novela ya visualizada o trabajaste primero formando pedazos que después montaste en una novela?

Clarice Lispector: Mira... ¿Alguien me da un cigarrillo...? Gracias. Tuve que descubrir mi método sola. No tenía conocidos escritores, no tenía nada. Por ejemplo, por la tarde, en el trabajo o en la facultad, se me ocurrían ideas y yo decía: «Está bien, mañana por la mañana escribo». Sin entender todavía que, en mí, fondo y forma son una sola cosa. Ya viene la frase hecha. Y así, mientras yo lo dejaba «para mañana», continuaba la desesperación cada mañana frente al papel en blanco. ¿Y la idea? Ya no estaba. Entonces decidí tomar nota de todo lo que se me ocurría. Y conté a Lúcio Cardoso,* a quien conocí por entonces, que tenía un montón de notas así, para una novela, todas separadas. Él me dijo: «Después tendrán sentido, una está unida a la otra». Y así fue. Esas hojas «sueltas» dieron *Cerca del corazón salvaje*.

Affonso Romano de Sant'Anna: ¿Él te sugirió algo, técnicamente, en términos específicos de construcción de la novela?

Clarice Lispector: No. La cosa fue así; mezclé mis lecturas sin ninguna orientación... Había una biblioteca popular en la calle Rodrigo Silva en la ciudad, y yo escogía los libros por los títulos. Resultado: mezclaba a Dostoievski con no-

---

* Joaquim Lúcio Cardoso Filho (1913-1968), poeta, novelista y pintor de Minas Gerais. Amigo de Clarice desde la época en que trabajaron juntos en *A Noite*, ella habla sobre su muerte en una crónica en el *Jornal do Brasil* del 2 de junio de 1973 y observa que este «había sido la persona más importante de mi vida durante mi adolescencia». *(N. de la T.)*

velas rosas, que hoy ya no existen. Yo leí unas novelas, que tú no conociste, de Delly y Ardel...*

Marina Colasanti: ¿Cómo que yo no conocí a Delly? Lo leí ¡y mucho!

Clarice Lispector: Yo lo leía, ¿y cómo pasé a *Cerca del corazón salvaje* después de esas lecturas? De repente, cuando iba a escribir, no tenía nada que ver con lo que había leído. Pero tenía que arriesgarme.

Marina Colasanti: El título *Cerca del corazón salvaje* procede de Joyce, si no me equivoco.

Clarice Lispector: Es de Joyce, sí. Pero yo no había leído nada de él. Vi esta frase que sería como un epígrafe y la aproveché.

Marina Colasanti: Porque Joyce aparece, es decir, puede ser él o no serlo, en un personaje llamado Ulises. Una vez, en unas declaraciones en la PUC, dijiste que no tenía nada que ver con el Ulises de Joyce, ni con el de Homero, que no había ahí ninguna cita escondida y que era solo un muchacho que habías conocido en Suiza.

Clarice Lispector: Cierto. Y que se había enamorado de mí. Y yo estaba casada, de manera que se fue de Suiza y nunca más volvió. Era estudiante de Filosofía.

Marina Colasanti: Tienes un perro, Ulisses, ¿verdad?

Clarice Lispector: Tengo un perro llamado Ulisses, sí.

Affonso Romano de Sant'Anna: En aquella charla una alumna había hecho precisamente una pregunta sobre el origen de tus personajes, porque ella veía una serie de relaciones entre ese personaje y las características míticas que estarían presentes en la *Odisea* e incluso en Joyce.

---

* M. Delly era el seudónimo usado por los hermanos Frédéric Henri Joseph (1876-1949) y Jeanne Marie Petit Jean de la Rosière (1875-1957), autores de numerosas novelas sentimentales que alcanzaron gran éxito popular. Junto con los libros de Henri Ardel (1863-1938) y varios otros autores en la misma línea, fueron publicados en Brasil, en la colección Biblioteca das Moças, por la Companhia Editora Nacional, entre 1930 y 1950. (*N. de la T.*)

Clarice Lispector: Bueno, corresponde a los críticos establecer las comparaciones.

Affonso Romano de Sant'Anna: Lo que la crítica siempre exaltó en tu trabajo es que apareciste ya con un estilo completo: no era un estilo en progresión. En *Cerca del corazón salvaje* ya eras Clarice Lispector y eras todavía una niña de diecisiete, dieciocho años.

Clarice Lispector: Es curioso que yo no haya tenido influencias. Ya estaba guardado dentro de mí. Ya había escrito cuentos antes.

Affonso Romano de Sant'Anna: Hay una influencia que parece que tú misma has reconocido una vez, si no como influencia directa, por lo menos como lectura constante tuya, que era *El lobo estepario*, de Herman Hesse.

Clarice Lispector: Lo leí a los trece años. Me volví medio loca, me entró una fiebre terrible, y empecé a escribir. Escribí un cuento que nunca se acababa y que yo no sabía muy bien cómo hacer, entonces lo rompí y lo tiré.

Marina Colasanti: ¿Rompes muchas cosas?

Clarice Lispector: Ahora he aprendido a no romper nada. Mi asistenta, por ejemplo, tiene órdenes de dejar como esté cualquier pedacito de papel con algo escrito.

Affonso Romano de Sant'Anna: Porque si no, pedirías que la USP colocase un funcionario en tu casa. La universidad está comprando los archivos de todos los escritores brasileños y así ya tendríamos un funcionario recogiendo tus papelitos para adelantar el expediente.

Clarice Lispector: No me digas, ¿cuánto pagan?

Affonso Romano de Sant'Anna: Una fortuna. Allí está la biblioteca de Mário de Andrade, entre otras. Podías haber pedido un buen dinero.

Clarice Lispector: ¡Ay, Dios mío! He roto tantos papeles.

Affonso Romano de Sant'Anna: Puedes vendérselos a ellos o venderlos, en dólares, a las universidades americanas.

Clarice Lispector: Una universidad de Boston me escribió una vez pidiendo detalles de mi vida. No respondí porque me da mucha pereza escribir cartas. Y había un amigo a quien le dije: «Responde por mí. Di lo que quieras y di que yo estoy de acuerdo». Después recibí un diploma de Boston. Se me consideraba como parte de la biblioteca de la universidad. Ni sé dónde está eso.

Marina Colasanti: Estabas diciendo que empezaste escribiendo cuentos para niños, y de vez en cuando vuelves a ellos. ¿Es otra actividad paralela?

Clarice Lispector: Sí. Hoy mismo me han entrevistado cuatro niñas de once años del Santo Inácio, con fotografías y preguntas y más preguntas a causa de *La mujer que mató a los peces* y si era verdad que me gustaban los animales. Dije: «¡Claro! ¡Yo también soy un animal!». Después se fueron… Me dejaron muy cansada.

Marina Colasanti: ¿Y por qué escribes libros infantiles esporádicamente?

Clarice Lispector: Bueno, primero mi hijo Paulo, en Washington…

João Salgueiro: ¿Cuántos hijos tienes?

Clarice Lispector: Dos. Uno vive con su padre y el otro está casado, Pedro y Paulo Gurgel Valente. Cuando estaba escribiendo *La manzana en la oscuridad* en Washington, mi hijo Paulo me pidió, en inglés —yo hablaba portugués con él, pero él hablaba inglés conmigo—, que escribiese una historia para él, y le respondí: «Después». Pero él dijo: «No, ahora». Entonces saqué el papel de la máquina y escribí *El misterio del conejo que pensaba*, que es una historia real, una cosa que él conocía. Por esa vez, fue todo. Lo escribí en inglés para que la criada se lo pudiese leer, ya que entonces él todavía no sabía… He preguntado a un médico si es normal tener tantas ideas al mismo tiempo y me ha dicho que todo el mundo las tiene, por eso me pierdo. Ya no sé qué estaba diciendo… ¡Ah! Por esa vez, fue todo. Pasado un tiempo, un escritor de São Paulo, ya no me acuerdo de su nombre, que editaba libros infantiles, me preguntó si yo quería escribirlos o si tenía alguno. Dije que no. De repente me acordé de que todavía tenía la historia del conejo y que solo había que traducirla al portugués, cosa que hice yo misma.

Marina Colasanti: ¿Recibiste un premio por *El misterio del conejo que pensaba*?

Clarice Lispector: Recibí un premio de libro del año, no recuerdo cuál, como mejor libro infantil. Ahora he conseguido que la editorial Rocco publique una segunda edición.

João Salgueiro: Tu segundo libro, *La lámpara*, es de 1946, ¿verdad?

Clarice Lispector: Sí, pero antes de publicarlo ya estaba metida en otra cosa, de manera que no sentía esas cosas que después he sentido muchas veces: un silencio horrible, un agotamiento. Entonces no. Cuando escribí *La lámpara*, a pesar de ser un libro triste, me dio un placer enorme.

Marina Colasanti: Cuando veníamos hacia aquí, dijiste que ya estabas cansada del personaje de la novela que estás escribiendo.

Clarice Lispector: Sí, de tanto luchar con ella.

Marina Colasanti: Hablas del personaje como si estuvieses hablando de un ser real, que manda sobre ti.

Clarice Lispector: Es que la persona existe, yo la veo, y ella se autodirige mucho. Es nordestina y yo tenía que sacar un día el Nordeste que viví. Y es lo que estoy haciendo, con mucha pereza, porque lo que me interesa es anotar. Juntar es aburrido.*

Affonso Romano de Sant'Anna: Rompiendo un poco la cronología, *Agua viva*, que es un libro muy posterior, da la impresión de una cosa fluida y que brotó de una vez. ¿No pasaste por ese proceso de coleccionar pedazos? ¿Fuiste escribiendo mientras lo montabas?

Clarice Lispector: No, también anotando cosas. Con ese libro, *Agua viva*, pasé tres años sin valor para publicarlo, pensando que era malo porque no tenía historia, porque no tenía trama. Entonces Álvaro Pacheco leyó las prime-

---

* El libro es *La hora de la estrella* (Ediciones Siruela, Madrid, 2014), historia de una pobre y desnutrida alagoana llamada Macabéa; fue publicado poco antes de la muerte de Clarice, el 9 de diciembre de 1977. *(N. de la T.)*

ras páginas y dijo: «Voy a publicar este libro». Lo publicó y funcionó todo muy bien.

Affonso Romano de Sant'Anna: Es uno de tus libros más transitables para un público medio o incluso más exigente. La semana pasada estaba en Recife con Ariano Suassuna y me dijo que *Agua viva* le parece uno de los mejores textos que ha leído.

Clarice Lispector: «¡Virge María!». Conozco personas que lo han leído y lo odian.

Affonso Romano de Sant'Anna: ¿Ese «Virge María» es una expresión del Nordeste?

Clarice Lispector: Sí, y conozco también otras, como «¡Eh, pueblo!» *(risas)*.

Marina Colasanti: Muchas partes de tu trabajo en el *Jornal do Brasil* las he reencontrado después en *Agua viva*. Usabas mucho tus notas, ¿verdad?

Clarice Lispector: ¡Claro! Estaba escribiendo el libro y odiaba hacer crónicas, por lo tanto lo aprovechaba y publicaba. Y no eran crónicas, eran textos que publicaba.

Marina Colasanti: «Children's Corner» pasó por el mismo proceso de utilizar las notas, ¿verdad, Clarice?

Clarice Lispector: Sí, las notas de «Children's Corner» forman parte del libro *La Legión Extranjera*, que tiene una parte de cuentos y otra de textos, de la que Otto Lara Resende dijo: «Ponle como título "Fondo de cajón"». El libro fue completamente ahogado por *La pasión según G. H.*, que salió al mismo tiempo. Ahora en esta segunda edición la editorial Ática quiere publicar solo los cuentos y después las notas…

Affonso Romano de Sant'Anna: Me han pedido que haga la introducción a este volumen.

Clarice Lispector: ¡No me digas! Ah, hazla…

Affonso Romano de Sant'Anna: Pero ¿van a separar ahora los cuentos de las crónicas?

Clarice Lispector: Sí, van a separar los cuentos de las crónicas, pero el volumen de crónicas ya no se llamará «Cajón de sastre», que es horrible, se llamará *Para no olvidar*.

Affonso Romano de Sant'Anna: ¿Vas a añadir otros textos? Porque quien quisiera comprender mejor la posible teoría que estabas haciendo sobre tu propio arte de escribir podría encontrar en esos textos una serie de elementos. Esos textos comentan tu manera de ver el mundo y tu manera de escribir. Un volumen aparte, separado, sería muy útil para los estudiantes y para la crítica en general.

Clarice Lispector: Tienes razón. Quieren publicarlo por separado, pero seis meses después de *La Legión Extranjera*. Será a finales de 1977 o principios de 1978.

João Salgueiro: Clarice, vamos a hacer una cronología de tu obra: tu primer libro fue *Cerca del corazón salvaje*, en 1944; después vino *La lámpara*, que ya estaba escrito pero solo fue publicado en 1946; después, *La ciudad sitiada*, en 1949.

Clarice Lispector: *La ciudad sitiada* ha sido uno de mis libros más difíciles de escribir porque exigía una exégesis que yo no soy capaz de hacer. Es un libro denso, cerrado. Estaba persiguiendo algo y no tenía quien me dijera qué era. San Thiago Dantas abrió el libro, leyó algo y pensó: «Pobre Clarice, ha caído mucho». Dos meses después me contó que, al acostarse, quiso leer algo y lo cogió. Entonces me dijo: «Es tu mejor libro».

Affonso Romano de Sant'Anna: ¿Qué motivo te llevó a escribir ese libro?

Clarice Lispector: Es la formación de una ciudad, la formación de un ser humano dentro de una ciudad. Un pueblo que crece, un pueblo con caballos, todo tan vital… Habían construido un puente, lo habían construido todo y así ya no era un pueblo. Entonces el personaje escapa.

Affonso Romano de Sant'Anna: ¿Cómo fue el proceso de creación de este libro? ¿Partiste de una idea determinada o fuiste juntando textos también?

Clarice Lispector: Fue todo medio a ciegas… Yo elaboro muy inconscientemente. A veces creen que no estoy haciendo nada. Estoy sentada en una silla y allí me quedo. Ni yo misma sé que estoy haciendo algo. De repente viene una frase…

Marina Colasanti: Tienes incluso un tiempo físico de olvido, ¿verdad? Una vez me dijiste que te levantas muy pronto, prácticamente de madrugada y no vas inmediatamente a escribir. Das vueltas por la casa tomando café.

Clarice Lispector: Sí, así es. Me quedo mirando, pasmada...

Marina Colasanti: Haciendo *jogging* interior... *(risas)*.

Clarice Lispector: Después de *La ciudad sitiada* vino *La manzana en la oscuridad*, que lo escribí... Fue curioso, porque escribí en dos ocasiones dos libros al mismo tiempo. Iba a hacer un cuento, lo escribía y volvía a *La manzana en la oscuridad*. Más tarde volvió a pasar lo mismo con un libro que no es gran cosa, *¿Dónde estuviste de noche?*, y no recuerdo cuál era el otro que escribí también al mismo tiempo.

Affonso Romano de Sant'Anna: ¿Era *El viacrucis del cuerpo*?

Clarice Lispector: No, no.

Affonso Romano de Sant'Anna: *La manzana en la oscuridad* siempre me ha impresionado mucho. De hecho es el libro tuyo que más me ha impresionado. Recuerdo que en 1960 o 1961 fuiste a Belo Horizonte para una tarde de firmas. Yo había publicado un libro de ensayos, todavía como estudiante de letras, y había un ensayo sobre tu libro. Y allí insistí contigo sobre las raíces del libro. Porque me parecía un libro tan bien estructurado en el sentido de...

Clarice Lispector: Me parece que ha sido el único libro bien estructurado que he escrito. Aunque quizá no: *Agua viva* sigue su curso.

Affonso Romano de Sant'Anna: Exacto. Era como si hubieses estudiado, incluso profundamente, una serie de cuestiones sobre lenguaje, una serie de informaciones contextuales que son importantes. Recuerdo que me dijiste que no, que lo habías escrito todo casi de una tirada.

Clarice Lispector: Sí, no estoy muy al día de las escuelas y todo eso.

Affonso Romano de Sant'Anna: Entre Ermelinda y Vitória, en *La manzana en la oscuridad*, ¿quién es más Clarice?

Clarice Lispector: Quizá Ermelinda, porque era frágil y miedo-
sa. Vitória era una mujer que yo no soy… Yo soy Martim.

Affonso Romano de Sant'Anna: Exactamente. Tu libro es en
realidad una gran parábola. Es una parábola del individuo
en busca de la conciencia, en busca de su lenguaje.

Clarice Lispector: Haciéndose. Tanto que la primera parte se
titula «Cómo nace el mundo». La segunda es «El nacimiento del héroe», porque ya era hombre y quería ser héroe. Y la tercera es «La manzana en la oscuridad».

Affonso Romano de Sant'Anna: Siguiendo con este libro, ¿hiciste lecturas o tuviste influencia de los existencialistas?

Clarice Lispector: No, ninguna. Es más, mi náusea es diferente de la náusea de Sartre. Mi náusea es verdaderamente
sentida porque cuando era pequeña no soportaba la leche
y casi vomitaba cuando tenía que beberla. Me echaban
gotas de limón en la boca. Es decir, yo sé qué es la náusea
en todo el cuerpo, en toda el alma. No es sartriana.

Affonso Romano de Sant'Anna: Eso no quiere decir que no
hayas leído a Sartre.

Clarice Lispector: Solo leí a Sartre, solo oí hablar de Sartre en
la época de *La lámpara* en Belém do Pará.

Affonso Romano de Sant'Anna: ¿Sartre ya era popular en Belém do Pará? Lo digo porque Benedito Nunes es de allí.

Clarice Lispector: Tuve un profesor de literatura que buscaba
libros de Europa y no de Río. Era Francisco Paulo Mendes, del mismo grupo de Benedito Nunes.

Marina Colasanti: Creo que es recurrente, en los contactos de
Clarice con la gente de la literatura, ese desencuentro, porque los estudiosos de la literatura tienen dificultad en admitir que tu trabajo es de dentro afuera y no de fuera
adentro. Tu trabajo, realmente, como tú misma dices, se
dicta, se hace. Y esto para los exégetas literarios es una cosa
muy complicada, porque ellos buscan los caminos de «fuera» que te llevarían a las cosas.

Clarice Lispector: Sí, lo sé.

Affonso Romano de Sant'Anna: ¿Tú te has expuesto mucho
últimamente?

Clarice Lispector: ¿Como en *La manzana en la oscuridad*? De vez en cuando sucede.

Affonso Romano de Sant'Anna: Esa es una de las frases típicas del libro, ¿no?

Clarice Lispector: Sí.

Affonso Romano de Sant'Anna: Aquel diálogo final entre el padre y el hijo, entre Dios y el hijo, entre el hombre y la conciencia; aquel diálogo es totalmente sorprendente dentro del libro porque es una parte irónica y de repente...

Clarice Lispector: Fue la parte más... Lo sentí tanto, porque con aquella ironía el padre lo destruía todo.

Affonso Romano de Sant'Anna: «¿Cómo va tu vida sexual, hijo mío?».

Clarice Lispector: ¿Cómo era la otra frase? No me acuerdo.

Affonso Romano de Sant'Anna: «Sabes, condenado a sentir esperanza».

Clarice Lispector: «¿Tienes esperanza?». «Sí, la tengo.» No me acuerdo.

Affonso Romano de Sant'Anna: «Te lo ordeno. Te ordeno que sufras la esperanza».

Clarice Lispector: «Ve y sufre la esperanza».

Affonso Romano de Sant'Anna: «Debes saber que la vida es un combate que a los débiles abate».

Clarice Lispector: Y empieza a desmontarse.

Affonso Romano de Sant'Anna: Entonces tienes en la cabeza bastante de tus textos escritos, a pesar de que dijiste una vez que nunca los relees.

Clarice Lispector: Aún me acuerdo, pero nunca lo he releído. No releo. Me mareo. Cuando está publicado ya es como un libro muerto, no quiero saber más de él. Y cuando lo leo me parece extraño, me parece malo, por eso no releo. Tampoco leo las traducciones que hacen de mis libros para no irritarme.

Marina Colasanti: ¿Son malas, en general?

Clarice Lispector: No quiero ni saberlo. Pero sé que no soy yo misma escribiendo.

Marina Colasanti: ¿Te han traducido mucho?

Clarice Lispector: Gallimard ha publicado *La manzana en la oscuridad.* Va a publicar ahora *La pasión según G. H.* Un agente literario me buscó diciendo que una nueva editorial francesa, en París, quería publicar *Aprendizaje o El libro de los placeres.* Quedó todo un poco parado porque yo tengo otro agente literario. Por primera vez en la vida. Carmen Balcells me buscó y preguntó si quería. Yo dije: «Quiero». Y ella me dijo: «Estás siendo muy explotada. Estás siendo muy explotada incluso en Brasil». Entonces acepté.

Affonso Romano de Sant'Anna: ¿Y ya ha conseguido vender algún libro tuyo?

Clarice Lispector: Ah, no lo sé. Hoy voy a encontrarme con un ayudante suyo. En Alemania y en Estados Unidos han publicado *Lazos de familia* y *La manzana en la oscuridad.* En Checoslovaquia también han traducido el libro. Allí yo soy Lispectorovna. Ese lo vi con placer porque no podía entenderlo *(risas).* También está el de Caracas que publicó *La pasión según G. H.* y *La Legión Extranjera.* También tengo unos cuantos libros traducidos en la Argentina.

Affonso Romano de Sant'Anna: Vimos en Buenos Aires una edición española, creo que de *La manzana en la oscuridad,* ¿no?

Clarice Lispector: Han publicado casi todos mis libros. Cuando llegué allí me quedé pasmada. He estado este año.

Affonso Romano de Sant'Anna: ¿Y esa gente te paga?

Clarice Lispector: No, nada. A veces pregunto, pero es tan inútil, porque tampoco pagan. Es otro país, es otra cosa, ¡si aquí me pagan mal! ¿Cómo va a ser en otro país? En Argentina se han publicado muchas cosas mías y yo me quedé pasmada cuando llegué, no sabía que me conocían. Dieron un cóctel, treinta periodistas, hablé por la radio, medio teledirigida, porque era todo tan extraño, tan inesperado, que actuaba casi sin saber. Ni noté que estaba hablando por la radio… Yo qué sé… Una mujer me besó la mano.

Marina Colasanti: Aquí en Brasil tus libros están en varias editoriales por el momento...

Clarice Lispector: Lo que tal vez sea un error.

Marina Colasanti: ¿Y por qué están tan desperdigados tus libros?

Clarice Lispector: No lo sé, *Agua viva* lo publicó Álvaro Pacheco porque nadie lo quería publicar y Álvaro sí quiso, es atrevido y lo publicó. Tenía libros en la Editora do Autor que después pasó a ser Sabiá. Seguí en la Sabiá, que la compró la José Olympio, que acabó quedándose con la mayor parte de los títulos.

Marina Colasanti: Pero ahora tienes también libros en Ática...

Clarice Lispector: Los tendré, los tendré. Y también en Rocco y en Paz e Terra...

Affonso Romano de Sant'Anna: *La manzana en la oscuridad*, ¿verdad? Es una edición llena de errores, ¿la has visto?

Clarice Lispector: No puedo ni mirarla. La abrí y vi que entre una línea y otra aparecía el nombre del linotipista y la numeración de la fecha en que escribía. Reclamé y me dijeron: «Ah, todos los libros salen con errores».

Affonso Romano de Sant'Anna: Pero eso es absurdo, porque algunos de mis alumnos, cuando yo estaba dando ese libro, creyeron que aquellos nombres y aquellos números en los márgenes tenían algo que ver con el enredo y que habían sido escritos por la autora.

João Salgueiro: Clarice, publicaste un libro de cuentos en 1952, ¿verdad?

Clarice Lispector: Para el Ministerio de Educación, un libro delgadito. Después incluí esos cuentos en *Lazos de familia* porque el otro prácticamente no tuvo difusión.

João Salgueiro: Después viene un libro en 1964, *La pasión según G. H.*

Clarice Lispector: Pero fue escrito en 1963. Es curioso, porque yo estaba en la peor de las situaciones, tanto sentimental como de familia, todo complicado, y escribí *La pasión...*, ¡que no tiene nada que ver con eso, no lo refleja!

Affonso Romano de Sant'Anna: ¿Crees que no?

Clarice Lispector: No, en absoluto. Porque yo no escribo como catarsis, para desahogarme. Nunca me he desahogado en un libro. Para eso sirven los amigos. Yo quiero la cosa en sí.

Affonso Romano de Sant'Anna: Permíteme que te plantee un problema. Sabes que la crítica literaria actual tiene la siguiente teoría: el texto es exactamente igual al sueño, tiene un contenido manifiesto y un contenido latente.

Clarice Lispector: Estoy de acuerdo.

Affonso Romano de Sant'Anna: Entonces ¿no crees que sería posible que en el inconsciente del texto se localice todo eso? Es decir, hay un cierto nivel del texto que, como en el sueño, escapa al control del soñador…

Clarice Lispector: Sí, escapó del control cuando yo, por ejemplo, supe que la mujer G. H. iba a tener que comerse el interior de la cucaracha. Me estremecí de miedo.

Affonso Romano de Sant'Anna: ¿Por qué G. H.?

Clarice Lispector: Porque era ella hablando sobre sí misma, es decir, no se llamaba a sí misma, pero hay un momento en que ella consigue un nombre, puesto que en la maleta estaban las iniciales G. H. Entonces quedó «según G. H.».

Marina Colasanti: Hay un cuento tuyo que me intriga mucho y que, en cierta manera, me parece aislado en el conjunto de tu obra. Es el cuento de la muchacha portuguesa.[*]

Clarice Lispector: ¡Ah! Con ese me lo pasé en grande *(risas)*.

Marina Colasanti: Yo también. Pero es raro porque es la única vez en tu obra que el personaje y el narrador hablan un lenguaje tan elaborado, tan al estilo portugués…

Clarice Lispector: No sé de dónde lo saqué, no sé cómo sabía que «medias»[**] son calcetines.

---

[*] Marina Colasanti se refiere al primer cuento del libro *Lazos de familia* (*Cuentos reunidos*, Ediciones Siruela, Madrid, 2013), titulado «Devaneo y embriaguez de una muchacha». *(N. de la T.)*

[**] Es un juego de palabras sobre las diferencias léxicas entre el portugués de Brasil y el de Portugal. *Peúgas* es la forma en portugués de Portugal para «calcetines», en Brasil la forma normal es *meias*. *(N. de la T.)*

Marina Colasanti: Te iba a preguntar si has vivido en Portugal.

Clarice Lispector: No. Estuve en Portugal doce días, pero no es bastante. No sé de dónde lo saqué… Fui recogiendo cosas de aquí y de allá, de la niñera o del tabernero… Y me divertí enormemente… Me da vergüenza decirlo, pero tengo sed. ¿Tenéis Coca-Cola…? *(risas)*.

João Salgueiro: En 1969 publicaste un libro titulado *Un aprendizaje*. ¿Quieres hablarnos un poco del libro?

Clarice Lispector: Bueno, es un libro… Es una historia de amor, y dos personas me han dicho que aprendieron a amar con él… Eso es.

João Salgueiro: ¿Te gusta mucho ese libro?

Clarice Lispector: No.

João Salgueiro: ¿Entonces prefieres otro? ¿*Lazos de familia*, por ejemplo?

Clarice Lispector: De *Lazos de familia* estoy medio harta, ya va por la séptima edición… Me acuerdo mucho del placer que sentí al escribir *La manzana en la oscuridad*. Todas las mañanas escribía a máquina, llegaba hasta quinientas páginas. Lo copié once veces para saber qué era lo que quería decir, porque yo quiero decir algo y no sé bien qué. Al copiar me voy aclarando y voy…

Affonso Romano de Sant'Anna: Es decir, que tu proceso de producción, en síntesis, es bastante complejo. Al mismo tiempo que juegas con el elemento medio irracional, trabajas también en la composición y el montaje del texto y después vas rehaciendo ese texto íntegro varias veces.

Clarice Lispector: No. Cuando parto de una idea que me guía, no reescribo, lo que no quiere decir que no toque las palabras… Gracias… ¡Este es el siglo de la Coca-Cola!

Affonso Romano de Sant'Anna: ¿Sabes que varios escritores consultados prefieren Pepsi…? *(risas)*.

Clarice Lispector: Cuando me muera, que no sé cuándo será…

Affonso Romano de Sant'Anna: Ni lo pretendes, ¿verdad?

Clarice Lispector: No, no lo pretendo…

Marina Colasanti: Ahora con la Academia abierta a las mujeres, corres el riesgo de no morir.

Clarice Lispector: No, no quiero saber nada de la Academia, pero… ¿Qué estaba diciendo?

Affonso Romano de Sant'Anna: Cuando mueras…

Clarice Lispector: ¿Habrá todavía Coca-Cola y Pepsi entonces? ¿Dentro de no sé cuánto tiempo? Hoy estoy haciendo una excepción tomando Coca-Cola, porque estoy haciendo un régimen para adelgazar y no puedo tomar refrescos. Pero me parece tan difícil lo que estoy haciendo que me estoy dando un premio *(risas)*.

Marina Colasanti: Pero esta entrevista no te duele, ¿verdad?

Clarice Lispector: No, está muy bien. Está fluyendo con tanta… No estoy asustada, no lo estoy nada.

Affonso Romano de Sant'Anna: ¿Sabías que Clarice es una bruja tremenda? *(risas)*.

Clarice Lispector: Ah, eso fue un crítico, no recuerdo de qué país latinoamericano, que dijo que yo usaba las palabras no como escritora, sino como bruja. Por eso, quizá, me mandaron una invitación para participar en el Congreso de Brujería de Colombia. Me invitaron y fui.

Marina Colasanti: La única bruja brasileña *(risas)*.

Affonso Romano de Sant'Anna: Pero cuenta tus relaciones con la brujería, Clarice. Si tuvieses que introducir al lector en esos misterios, ¿cuáles serían los datos?

Clarice Lispector: ¡No hay, no hay!

João Salgueiro: ¿La idea de la brujería nació del crítico y tú no la desarrollaste?

Clarice Lispector: No, no. No tuvo consecuencias, tampoco me acostumbré al clima de Bogotá, en Colombia. Tenía dolor de cabeza y un día me encerré en el cuarto, sola. No cogía el teléfono, solo llamaba para pedir comida y bebida. Me parecía muy aburrido. Me aburro fácilmente de las cosas…

Affonso Romano de Sant'Anna: ¿Cómo fue tu presentación allí?

Clarice Lispector: Dijeron que querían un texto mío. Yo no sabía hacer un texto sobre brujería porque no soy bruja, ¿no? Entonces traduje al inglés «El huevo y la gallina». Pedí a un tipo, cuyo nombre no recuerdo, que lo leyera. Él tenía la traducción española. La mayor parte de la gente no sabe qué era lo que se leyó, no entendieron nada. Pero un americano se quedó tan alucinado que me pidió una copia de aquel cuento…

João Salgueiro: ¿Hay algún autor que te haya influido de manera especial?

Clarice Lispector: Mira, que yo sepa, no.

João Salgueiro: ¿Nunca has sentido el impacto violento de un libro?

Clarice Lispector: Un poco, algunas veces. Lo sentí con *Crimen y castigo*, de Dostoievski, que me provocó una fiebre real. *El lobo estepario* también me afectó mucho… Mi primer empleo, cuando tenía trece o catorce años, todavía estaba en el instituto, era dar clases particulares de portugués y matemáticas… A propósito, ¿por qué te estoy contando esto…?

João Salgueiro: Influencias literarias. ¿Qué autor te ha influido más?

Clarice Lispector: ¡Ah, bueno! Pues con el primer dinero que gané, verdaderamente mío, entré, muy altiva, en una librería para comprar un libro. Los revolví todos y ninguno me decía nada. De repente dije: «Eh, eso de ahí soy yo». No sabía que Katherine Mansfield era famosa, lo descubrí yo sola. El libro era *Felicidad*.

Affonso Romano de Sant'Anna: ¿Y Virginia Woolf, con quien el propio Álvaro Lins intentó, según parece, compararte?

Clarice Lispector: No, no había leído nada, de ella solo he leído *Orlando*.

João Salgueiro: ¿Y Franz Kafka?

Clarice Lispector: A Kafka lo leí mucho más tarde, cuando ya había publicado muchos de mis libros. Siento una gran proximidad, pero ya había escrito muchos libros antes de leer sus obras…

Affonso Romano de Sant'Anna: El profesor de matemáticas es una recurrencia en tus cuentos. Yo quería continuar hablando del profesor de matemáticas que una vez te había hablado de un libro.

Clarice Lispector: No, de un cuento: «El crimen del profesor de matemáticas».* Pero las matemáticas me fascinaban, recuerdo que era aún una niña cuando puse un anuncio en el periódico como profesora particular. Me llamó una señora, dijo que tenía dos hijos, me dio la dirección y fui. Ella me miró y dijo: «Ah, querida, no sirves, eres muy joven». Y yo dije: «Mire, vamos a hacer lo siguiente, si sus hijos no mejoran de nota, no me pague nada». La cosa le pareció curiosa y aceptó. Y mejoraron notablemente.

Affonso Romano de Sant'Anna: Entonces iría bien aquella pregunta sobre matemáticas: ¿dos y dos son cuatro o cinco?

Clarice Lispector: Para los psicóticos dos y dos son cinco, para los neuróticos dos y dos son cuatro, *but I can't stand it*, ¡no lo aguanto! *(risas)*.

João Salgueiro: ¿Conociste al pintor Giorgio de Chirico?

Clarice Lispector: Sí, lo conocí. Yo estaba en Roma y un amigo mío me dijo que seguramente a De Chirico le gustaría pintarme. Se lo preguntó y él dijo que solo después de verme. Me vio y dijo: «Pintaré su retrato». Lo hizo en tres sesiones y dijo: «Podría continuar pintando interminablemente este retrato, pero temo estropearlo todo».

João Salgueiro: ¿Dónde está ese retrato?

Clarice Lispector: Está en casa.

Marina Colasanti: Tienes una buena colección de retratos. Varios artistas han pintado a Clarice.

Clarice Lispector: Lo que pasa es que yo, según parece, tengo un rostro un poco exótico. Y eso atrae mucho a los pintores.

Affonso Romano de Sant'Anna: Eres medio asiática...

---

* Publicado con el título «El crimen» en la revista *Letras & Artes* en 1946 y recogido posteriormente en el volumen *Lazos de familia* (*Cuentos reunidos*, Ediciones Siruela, Madrid, 2013), cuenta la historia de un hombre que, al encontrar un perro muerto en la calle, procura enterrarlo como forma imposible de expiar el crimen que había cometido contra otro perro al abandonarlo traicionando su amistad. *(N. de la T.)*

Clarice Lispector: Cuando estaba en Washington, en un cóctel, un hombre se me quedó mirando, mirando, se acercó a mí y me preguntó: «¿Es usted rusa?». «Nací en Rusia, pero no soy rusa, ¿por qué?». «Porque tiene usted el tipo fino de los rusos». Le pregunté quién era y me dijo no sé qué Tolstoi; era pariente de Tolstoi.

Marina Colasanti: Clarice, ¿cómo conseguiste conciliar tu personalidad tímida y la carrera diplomática que tenías que seguir?

Clarice Lispector: Lo odiaba, pero cumplía con mis obligaciones para ayudar a mi exmarido. Daba cenas, hacía todo lo que había que hacer, pero con náuseas…

Marina Colasanti: ¿Y escribías paralelamente? Porque la vida diplomática ocupa mucho.

Clarice Lispector: ¡Sí, escribía! Escribía, atendía al teléfono, los niños gritaban, el perro entraba y salía… *La manzana en la oscuridad* fue así…

Marina Colasanti: La presencia de tus hijos es muy constante en cuentos, notas, pasajes… Has vivido siempre muy unida a ellos, ¿no?

Clarice Lispector: Sí, estoy muy unida a ellos.

Marina Colasanti: ¿Y cómo viven ellos el hecho de que seas escritora? ¿Son lectores tuyos?

Clarice Lispector: No lo sé, nunca se lo he preguntado, pero Paulo habló un día de un cuento mío, así supe que lo había leído. Porque lo que yo era, y soy, principalmente, es su madre, no una escritora. Y debe de ser pesadísimo tener una madre escritora.

Marina Colasanti: Las madres siempre son pesadas, Clarice, no hay modo de evitarlo…

Clarice Lispector: Sí, las madres son pesadas…

Marina Colasanti: Pero los cuentos infantiles, al menos los que hiciste para ellos, sabes que los han leído.

Clarice Lispector: Sí, lo sé. Y les gustaron, porque yo no miento a los niños.

Marina Colasanti: «El pensamiento de Laura Gallina» ya no lo hiciste para ellos.

Clarice Lispector: No. Lo hice porque las gallinas siempre me han impresionado mucho. Cuando era pequeña miraba mucho a las gallinas, durante mucho tiempo, y sabía imitar cómo picaban el maíz, imitar cuando estaban enfermas y eso siempre me impresionó terriblemente. Además, me siento muy unida a los animales, terriblemente. La vida de una gallina es vacía… ¡Las gallinas son vacías!

Affonso Romano de Sant'Anna: ¡Las mujeres también!

Clarice Lispector: ¡Sí, claro!

Marina Colasanti: Pero es un vacío productivo, el vacío que genera. Tiene dos lados, el de dentro y el de fuera, tal vez el de dentro sea aún más fuerte que el de fuera. Los hombres no, son solo lo de fuera, como un bloque único.

João Salgueiro: Es decir, Clarice, que la vida diplomática no te ayudó ni te perturbó.

Clarice Lispector: No interfirió, porque yo escribía en casa, a cualquier hora…

João Salgueiro: ¿Te gustaba viajar?

Clarice Lispector: Mira, me moría de nostalgia por Brasil. Estuve fuera de Brasil casi dieciséis años. Cuando no soportaba la nostalgia, volvía. Cuando estaba allí, todo el mundo me decía: «¿Por qué no mandas los libros a una editorial extranjera, para que los traduzcan?». Yo decía: «Ahora no es el momento de traducir, es el momento de trabajar». No me interesa y nunca pedí a nadie que me publicara fuera de Brasil.

Marina Colasanti: Hablando de traducir, esa es otra de tus actividades paralelas. Traduces, y mucho.

Clarice Lispector: Descubrí la manera de no aburrirme… Es la siguiente: nunca leo el libro antes de empezar a traducir. Es mejor frase por frase, porque la curiosidad te lleva a saber qué pasa después y el tiempo pasa. Mientras que, si ya lo has leído, lo sabes todo y se convierte en un deber. Me da un miedo cuando veo trescientas páginas frente a mí…

Marina Colasanti: Yo empiezo por el segundo capítulo, porque siempre creo que si empiezo por el primero, que es por donde entrará el lector, todavía no tengo el lenguaje del autor en la mano, entonces empiezo el segundo y cuando lo acabo hago el primero.

Clarice Lispector: ¡Ah! ¡Es magnífico! Voy a adoptarlo.

Marina Colasanti: Va muy bien. El primero acaba siendo mejor.

Affonso Romano de Sant'Anna: Porque el primer capítulo generalmente se escribe al final, ¿no?

Clarice Lispector: A pesar del aparente absurdo de lo que has dicho, es verdad.

Marina Colasanti: ¿Escribes el primero al final?

Clarice Lispector: Al mismo tiempo. Yo nunca sé de antemano lo que voy a escribir. Hay escritores que solo se ponen a escribir cuando tienen todo el libro en la cabeza. Yo no. Voy siguiéndome y no sé en qué va a acabar. Después voy descubriendo lo que quería.

Affonso Romano de Sant'Anna: Has dicho al principio que estás escribiendo un libro ahora cuyo personaje es una nordestina que come bocadillos.

Clarice Lispector: No, que solo come perritos calientes, café y refrescos y gana menos del salario mínimo.

João Salgueiro: ¿Es tu último libro?

Clarice Lispector: Es lo que estoy haciendo ahora.

Affonso Romano de Sant'Anna: ¿Cuáles han sido tus últimas lecturas? ¿Qué has leído recientemente que te haya impresionado más? Incluso de crítica literaria, sé que lo lees para descansar…

Clarice Lispector: Sí, me gusta mucho leer ensayo… Pero debo confesar que hace mucho tiempo que no leo.

Affonso Romano de Sant'Anna: ¿Crees que leer mucho perturba el proceso de creación?

Clarice Lispector: No diría que lo perturba, pero cuando estoy trabajando no leo nada.

Affonso Romano de Sant'Anna: Y cuando lees, ¿más poesía o más prosa?

Clarice Lispector: Las dos cosas, las dos cosas. Tu poesía es muy buena, la leo. Y Marina ha escrito un libro muy bueno, muy original, sin copiar a nadie, sin seguir las modas, las innovaciones. Yo leo muy poco. Es un crimen pero es la verdad.

Affonso Romano de Sant'Anna: ¿Has intentado alguna vez escribir poesía? Porque tu obra en rigor es prosa, pero *Agua viva* es un texto poético…

Clarice Lispector: Parece ser que todos empezamos con poesía, ¿verdad? Yo escribí unas páginas, pero las tiré porque no valían nada *(risas)*.

Marina Colasanti: Una vez, hablando con nosotros, dijiste que cuando lees una crítica de un libro tuyo te pasas tres días sin escribir, sin hacer nada, completamente apática.

Clarice Lispector: No exactamente apática, no. Me pongo así cuando estoy trabajando. Cuando no estoy trabajando leo la crítica y no pasa nada, pero cuando estoy trabajando las críticas interfieren en mi vida íntima, entonces paro de escribir para olvidar la crítica. Incluso las elogiosas, porque cultivo mucho la humildad. De manera que, a veces, me he sentido casi agredida por los elogios.

Affonso Romano de Sant'Anna: Te invitan sistemáticamente a dar conferencias… ¿Te gusta?

Clarice Lispector: No me gusta pero me pagan honorarios y el viaje. Me gusta mucho viajar. Por eso lo hago y después también están los debates…

João Salgueiro: ¿Lo haces de un modo profesional?

Clarice Lispector: Sí, no me gusta mucho. Y hablando de profesionales, yo no soy una escritora profesional, porque yo solo escribo cuando quiero.

Marina Colasanti: Eso lo dijiste al recibir el premio en Brasilia.

Clarice Lispector: ¿Dije eso?

Affonso Romano de Sant'Anna: Un premio por el conjunto de tu obra, ¿no es verdad? Y hablando de premios…

Clarice Lispector: Ah, he ganado varios. *Cerca del corazón salvaje* ganó el Premio Graça Aranha, si no me equivoco.

Affonso Romano de Sant'Anna: ¿Siempre te has llevado bien con los premios o a veces te han irritado, te has visto envuelta en polémicas, desgastes…?

Clarice Lispector: No, no les prestaba atención, ninguna, ninguna.

João Salgueiro: ¿Los premios no te afectan para nada? ¿Vanidad…, satisfacción?

Clarice Lispector: No, no sé cómo explicarlo, pero los premios están fuera de la literatura; además, literatura es una palabra detestable, está fuera del acto de escribir. Lo recibes como recibes el abrazo de un amigo, con determinado placer. Pero es independiente de…

Affonso Romano de Sant'Anna: ¿Es una cosa circunstancial?

Clarice Lispector: Sí. He ganado el Golfinho de Ouro, he ganado…

João Salgueiro: ¡Y el Golfinho solo se da a gente de mucho fuste!

Clarice Lispector: He ganado un Calunga, en Paraná. ¿Sabes qué es un «calunga»? En el Nordeste, «calunga» es aquella figura cómica de niño, para los libros infantiles. Gané uno, de una señora —no sé por qué se relaciona tanto con escritores—, Carmen Dolores no sé qué.

Affonso Romano de Sant'Anna: Ese es el premio Carmen Dolores Barbosa, de São Paulo.

Clarice Lispector: Sí. A ese fui y recibí el premio, de manos de Jânio Quadros. Después de un enorme discurso recibí un sobre y dentro veinte cruzeiros. Valían un poco más que ahora, pero eran veinte cruzeiros. Me quedé pasmada, ¡era tan poco! *(ríe)*.

Affonso Romano de Sant'Anna: ¿Y las tesis que se hacen sobre ti en las universidades? ¿Recibes visitas, personas del extranjero?

Clarice Lispector: Sí, vienen, vienen. Hace poco un periodista uruguayo vino a entrevistarme. Además, fue muy franco. Vio mis retratos y me dijo: «¡Era usted muy bonita…! ¡Todavía es bonita, pero no tanto!». Yo dije: «Pero el tiempo pasa, ¿no?». Él entonces me dijo: «Al principio usted no era simpática, parecía muy cerrada y desconfiada, solo después se vuelve simpática». Pero al menos una cosa sí me la reconoció: «¡Qué pena su mano quemada, porque tiene usted unas manos tan bonitas...!».* Me visitan mucho, sí. Recibo a mucha gente. Estoy en muchas antologías, hasta en Canadá. Siempre me escriben pidiendo autorización, pero sin hablar nunca de pago...

Affonso Romano de Sant'Anna: Pero ahora con una agente literaria puedes cobrar todo esto.

Clarice Lispector: Puede ayudar.

Marina Colasanti: Tuviste una época en la que vendías cuadros tuyos porque necesitabas dinero.

Clarice Lispector: Sí, sí.

Affonso Romano de Sant'Anna: Marina siempre dice que, en un país más organizado, desarrollado, una escritora como tú tendría, por lo que escribes, un nivel de vida bastante tranquilo. Creo que tu posición refleja mucho el problema del escritor brasileño.

Clarice Lispector: ¡Un libro que tenga un éxito de crítica, en los Estados Unidos, enriquece al escritor! ¡Un libro!

Marina Colasanti: Todos los tuyos han tenido éxito y tú sigues dando conferencias y haciendo traducciones... Traduces por la tarde, ¿verdad, Clarice? Porque por la mañana escribes para ti.

Clarice Lispector: Mira, traduzco a cualquier hora. Soy muy desorganizada. Traduzco del inglés y del francés. Pero trabajo deprisa, intuitivamente. A veces consulto un diccionario, a veces no, y, según el caso, varias veces.

João Salgueiro: ¿Aprendiste francés e inglés en la carrera diplomática?

Clarice Lispector: No. ¿Sabes cómo aprendí francés? Leyendo en francés. ¿No te dije que era una tímida atrevida? Cogí un libro en francés y me puse a leer y por el sentido, por la semejanza entre lenguas latinas, lo iba cogiendo, cogiendo, hasta que aprendí. La conversación..., bueno, estuve tres

---

* Clarice fue víctima de un incendio el 14 de septiembre de 1967. Las quemaduras que sufrió en la mano derecha y en las piernas requirieron varias operaciones de cirugía plástica. Se había dormido en la cama con un cigarrillo encendido, lo que provocó el accidente. *(N. de la T.)*

años en Suiza y mi criada hablaba en francés conmigo. Con el inglés también fue así, nunca lo estudié.

Affonso Romano de Sant'Anna: ¿Nunca hablasteis ruso en casa?

Clarice Lispector: No lo oí nunca, porque mi padre desde muy pronto empezó a hablar portugués.

Marina Colasanti: Todavía en relación con el ruso: tú, de niña, conociste, a través de cuentos de hadas y cosas semejantes, el folclore ruso, porque es muy rico…

Clarice Lispector: Sí, supongo que debe de serlo, pero nunca lo leí.

Marina Colasanti: ¿Tampoco te contaban historias?

Clarice Lispector: No, no me las contaban. Mi madre estaba enferma y todas las atenciones eran para ella. Yo vivía tras la criada pidiéndole: «Cuéntame una historia, cuéntame…». «¡Ya te la he contado!». «Repítela, repítela».

Marina Colasanti: Has estado ahora en Recife. ¿Cuando vas a Recife te sientes en tu casa o tu tierra es Río de Janeiro?

Clarice Lispector: Ahora mi tierra es Leme,* donde vivo desde 1959. Cambié de casa pero en el mismo Leme.

Affonso Romano de Sant'Anna: ¿Y los barrios cariocas que citas en *Lazos de familia*, hiciste una peregrinación o los citas por razones fonéticas?

Clarice Lispector: No, no fui. Pero sé cómo deben de ser.

Affonso Romano de Sant'Anna: ¿Ni siquiera el Jardín Botánico es una vivencia especial?

Clarice Lispector: El Jardín Botánico sí.

Marina Colasanti: Porque tienes aquel cuento, ¿no? Y tienes el del zoológico también. De zoológicos entiendes.**

---

* Barrio de Río de Janeiro. *(N. de la T.)*

** Los entrevistadores se refieren a dos cuentos publicados en *Lazos de familia*: «Amor» y «El búfalo» (*Cuentos reunidos*, Ediciones Siruela, Madrid, 2013). En el primero, un ama de casa que regresa de comprar ve a un ciego mascando chicle y, trastornada, entra en el Jardín Botánico, donde vive una intensa experiencia a partir de la cual desarrolla una nueva percepción de las cosas, de sí misma y de su vida. En el segundo, una mujer bus-

Clarice Lispector: Un chico que también escribe me dijo una vez: «Tienes un cuento en *El viacrucis del cuerpo* ambientado en Plaza Mauá, en un antro, un lugar donde se bebe, se baila, con prostitutas y todo… ¿Has estado en un bar de la Plaza Mauá?». Yo dije que no. «Y, entonces, ¿cómo es posible que yo, que sí he estado, no sepa escribir sobre eso y tú sí sepas…?» *(risas)*. Tomo una palabra de aquí, otra de allí y el resto lo imagino…*

João Salgueiro: Como persona, en el mundo actual, ¿te sientes integrada en la sociedad o te sientes solitaria?

Clarice Lispector: Mira, tengo amigos, amistades, pero escribir es un acto solitario. Fuera del acto de escribir me llevo bien con la gente.

João Salgueiro: ¿Quieres decir que no sientes soledad?

Clarice Lispector: A veces, a veces, e incluso muy profunda… Alceu Amoroso Lima escribió una cosa, muy repetida después: dijo que yo estaba en una trágica soledad en las letras brasileñas.

Affonso Romano de Sant'Anna: No sé si será una indiscreción, pero ¿podrías contar la historia de las palomas? Esta historia, en sí, daría un cuento.

Clarice Lispector: Sí, lo daría, pero un cuento fantástico, que nunca sería considerado real. Pero sucedió… Fue así: el 1 de enero de 1964, una amiga mía entró en su casa a buscar algo y yo me senté en la escalera a esperarla. De repente, me entró una desesperación tan grande con aquel sol y el agua vacía, el primer día del año, que dije: «Ay, Dios

---

ca identificar uno de los animales como objeto de su amor y de su odio, sentimientos que son proyectados a partir de la figura de un hombre que la despreció. Su encuentro con el búfalo negro será el momento de explosión en que la relación macho-hembra se lleva a su máximo límite. *(N. de la T.)*

* El cuento es «Plaza Mauá», publicado en *El viacrucis del cuerpo* (*Cuentos reunidos*, Ediciones Siruela, Madrid, 2013). Este volumen fue «encargado» por el editor Álvaro Pacheco, quien pidió a Clarice una colección de cuentos sobre sexo para publicar en *Artenova*. Parte de la crítica e incluso la propia autora se mostraron reticentes respecto a esta obra. *(N. de la T.)*

mío, dame al menos un símbolo de paz». Cuando abrí los ojos tenía una paloma junto a mí. Después fui al cine. Las tiendas estaban cerradas, pero junto al cine Paissandú, en un escaparate, había un plato con cuatro palomas que, al día siguiente, compré. Ahora lo tengo medio abandonado... Pero el tercer hecho fue el más impresionante: yo iba a la ciudad en un día de calor, cogí un taxi y estaba tan cansada, con las gafas oscuras, que apoyé la cabeza en el asiento de enfrente. De repente, noté una cosa entre el ojo y las gafas y miré qué era. Era una pluma de paloma... Después fui a hacer una visita de camaradería a un amigo mío, médico, y le conté la historia. Le pregunté: «¿Cómo te lo explicas?». Él solo dijo: «Lo que es bueno no necesita explicación...». Y preguntó: «¿Quieres una pluma de paloma?». Asustada, le pregunté: «¿Tienes una?». Entonces él cogió una y me la dio... Otra vez, cuando iba al médico, tomé un taxi que, durante el trayecto, dio un frenazo brusco. Le pregunté al taxista: «¿Qué ha pasado?». Y me dijo: «Gracias a Dios, he evitado matar a una paloma». Una historia increíble...

Marina Colasanti: Hace un tiempo atravesabas un periodo de crisis respecto a la escritura. Es decir, no querías escribir. Habías acabado el libro anterior a la novela que escribes ahora. Decías incluso que tu liberación sería poder no escribir.

Clarice Lispector: ¡Claro...! ¡Escribir es un peso!

João Salgueiro: Clarice, esta pregunta es de una periodista: «Eres una intuitiva. Entonces ¿cómo encaras lo sobrenatural en tu vida?».

Clarice Lispector: Mira, lo natural es también sobrenatural. No creas que está tan lejos. Lo natural es ya en sí un misterio...

João Salgueiro: Es interesante esta identificación de lo natural con lo sobrenatural. Da pie a discusiones interesantes.

Clarice Lispector: Sí, también me lo parece. Hace unos días estaba en una hacienda y el hacendado hablaba sobre sus problemas y decía: «Porque está claro que un becerro reconoce a su madre. Ella solo da leche a su becerro». Y entonces yo dije: «No está tan claro. Eso no es natural». Pero él se asombró: «¿Cómo que no es natural?». «¡Es un hecho formidable! ¿Has pensado en lo que piensa una vaca?». Entonces el hombre se asombró, pobre. Cambió inmediatamente de tema… Pero que ellas los reconocen, eso es seguro. Antes de ordeñar una vaca se ata el animalito al lado de su madre y después se empieza a ordeñar. La vaca cree que está dando leche a su hijo y se deja. Además, cuando llaman para la leche y sueltan a los becerritos, cada uno va hacia su madre y nunca, nunca, se equivocan. Cuando el becerro nace muerto, cogen la piel y se la echan encima a otro cualquiera para que la madre piense que todavía lo está amamantando… ¡Como ves, me entiendo muy bien con las vacas y con las gallinas!

Marina Colasanti: Y también con camellos y búfalos…

Clarice Lispector: Y con los caballos…

João Salgueiro: Quizá eso sea una identificación con las fuerzas de la naturaleza.

Clarice Lispector: Creo que sí. Es algo muy profundo…

Affonso Romano de Sant'Anna: La crítica ya ha hablado del sentido óntico de los animales de Clarice.

Clarice Lispector: ¿Qué es óntico?

Affonso Romano de Sant'Anna: Es el ser que se encuentra dentro de los animales.

Clarice Lispector: ¡Sí! ¡Sí está!

Marina Colasanti: Has dicho que eres un animal. ¿Eres algún animal determinado?

Clarice Lispector: No, no creo. La gente me encontraba un aire de tigre, de pantera. Otros me encontraban parecido con una garza, por las piernas largas… Cuando era pequeña siempre tuve gatos…

Marina Colasanti: A la gente debe de parecerle que eres medio felina por tus ojos, pero no es cierto. Es porque tienes un comportamiento interno y una observación constante por lo que es muy felina.

Clarice Lispector: Sí, estoy de acuerdo. Por lo que sé de los gatos, estoy de acuerdo.

Affonso Romano de Sant'Anna: Tú te encoges y das saltos también, ¿verdad?

Marina Colasanti: Tú no puedes decir nada, Affonso, porque eres caballo... Y yo soy zorro *(risas)*.

Clarice Lispector: Y él, ¿qué es?

Affonso Romano de Sant'Anna: ¡Es un sauce,* espléndido en la llanura...! *(risas)*.

Clarice Lispector: Sí, un árbol frondoso. Con muchos frutos...

João Salgueiro: ¡Qué bien! ¡Viniendo de Clarice es una cosa formidable...!

* «Salgueiro», apellido del director del Museu da Imagem e do Som, significa «sauce» en portugués. *(N. de la T.)*

Bibliografía

A Época, n.º 1 (1941-1944), Facultad Nacional de Derecho, Río de Janeiro.

Cadernos de Literatura Brasileira, Instituto Moreira Salles, Edición especial, números 17 y 18, diciembre de 2004.

Castello, José, *O inventário das sombras*, Record, Río de Janeiro, 1999.

Fitz, Earl E., «A pecadora queimada e os anjos harmoniosos: Clarice Lispector as dramatist», *Luso-Brazilian Review*, XXXIV (1997), pp. 25-39.

Gotlib, Nádia Batella, *Clarice. Uma vida que se conta*, Ática, São Paulo, 1997.

Lispector, Clarice, *Água viva*, Rocco, Río de Janeiro, 1999 (*Agua viva*, Ediciones Siruela, Madrid, 2013).

—, *A bela e a fera*, Rocco, Río de Janeiro, 1999 (*Cuentos reunidos*, «La bella y la bestia», Ediciones Siruela, Madrid, 2013).

—, *A descoberta do mundo*, Rocco, Río de Janeiro, 1999 (Parcialmente recogido en *Aprendiendo a vivir*, Ediciones Siruela, Madrid, 2007).

—, *A legião estrangeira*, Editora do Autor, Río de Janeiro, 1964.

—, *Correspondências. Clarice Lispector*, Teresa Montero (ed.), Rocco, Río de Janeiro, 2002.

—, *De corpo inteiro*, Rocco, Río de Janeiro, 1999.

—, *Objecto gritante. Arquivo Clarice Lispector*, Arquivo-Museu de Literatura Brasileira, Fundação Casa de Rui Barbosa.

—, *Para não esquecer*, Rocco, Río de Janeiro, 1999 (*Para no olvidar*, Ediciones Siruela, Madrid, 2007).

—, *Um sopro de vida*, Rocco, Río de Janeiro, 1999 (*Un soplo de vida*, Ediciones Siruela, Madrid, 2015).

Lispector, Clarice y Fernando Sabino, *Cartas perto do coração*, Record, Río de Janeiro, 2001.

Manzo, Lídia, *Era uma vez eu: A não-ficção na obra de Clarice Lispector*, Editorial de la Universidade Federal de Juiz de Fora, Juiz de Fora, 2001.

Montero, Teresa, *Eu sou uma pergunta. Uma biografia de Clarice Lispector*, Rocco, Río de Janeiro, 1999.

Nunes, Aparecida Maria, *Clarice Lispector: Jornalista* (máster en literatura brasileña), Facultad de Filosofía, Letras y Ciencias Humanas de la Universidade de São Paulo, São Paulo, 1997.

Pessanha, José Américo Motta, «Itinerário da paixão», Cadernos Brasileiros RJ, mayo-junio de 1965.

Sousa, Carlos Mendes, *Clarice Lispector: figuras da escrita*, Universidade do Minho/Centro de Estudos Humanísticos, 2000.

Varin, Claire, *Clarice Lispector. Rencontres brésiliennes*, Éditions Trois, Quebec, 1987.

Vianna, Lúcia Helena, «Tinta e sangue: o diário de Frida Kahlo e os quadros de Clarice Lispector», *Revista Estudos Feministas*, vol. 11, n.º 1, Florianópolis, junio de 2003.